Daniel Caumont

LES ÉTUDES DE MARCHÉ

5ᵉ édition

Conseiller éditorial pour cet ouvrage :

Christian Pinson

© Dunod, 2016
© Dunod, Paris, 1998, 2002, 2007, 2010
11 rue Paul Bert, 92240 Malakoff
www.dunod.com
ISBN 978-2-10-074548-7

Le Code de la propriété intellectuelle n'autorisant, aux termes de l'article L. 122-5, 2° et 3° a), d'une part, que les « copies ou reproductions strictement réservées à l'usage privé du copiste et non destinées à une utilisation collective » et, d'autre part, que les analyses et les courtes citations dans un but d'exemple et d'illustration, « toute représentation ou reproduction intégrale ou partielle faite sans le consentement de l'auteur ou de ses ayants droit ou ayants cause est illicite » (art. L. 122-4).
Cette représentation ou reproduction, par quelque procédé que ce soit, constituerait donc une contrefaçon sanctionnée par les articles L. 335-2 et suivants du Code de la propriété intellectuelle.

Sommaire

Avant-propos   7

Chapitre 1
Fonctions et applications des études de marché

I Les différentes fonctions des études de marché et leurs champs d'application   9

1. La fonction diagnostique   **9**
2. La fonction stratégique ou décisionnelle   **15**
3. La fonction de contrôle   **18**

II Les principales sources d'information   20

1. Les études documentaires   **20**
2. Les études sur échantillons permanents : les panels   **24**
3. Les études sur échantillons ponctuels   **28**
4. Les marchés-tests   **30**

Chapitre 2
La conception du projet d'étude

I La conception du projet : l'identification et l'analyse du problème   32

1. Identifier et analyser le problème managérial ou décisionnel   **33**
2. Identifier la nature des informations   **35**
3. Élaborer le protocole d'étude   **35**

II La réalisation du projet : le choix des moyens techniques — 42

1. Le plan d'investigation — 42
2. Le plan d'échantillonnage — 48
3. Le plan de traitement — 49

III La proposition d'étude ou cahier des charges — 50

Chapitre 3
La construction des échantillons

I Les méthodes d'échantillonnage — 53

1. La méthode probabiliste — 53
2. La méthode empirique — 59
3. Les plans d'expérience — 65

II La détermination de la taille des échantillons — 66

1. Sur critères statistiques — 66
2. Sur critères empiriques — 71

Chapitre 4
Les techniques d'enquête

I Les techniques d'entretien — 72

1. Entretien individuel et entretien de groupe — 73
2. L'approche non directive — 74
3. L'approche semi-directive — 76
4. L'approche directive — 78
5. L'extension « on-line » des techniques d'entretiens — 80

II Le questionnaire — 82

1. Les objectifs d'un questionnaire — 83
2. La formulation des questions et des réponses : les différents types de questions — 85

3.	La mesure des attitudes	**91**
4.	Les conditions de la qualité de l'information recueillie	**92**

Chapitre 5
Le traitement des données

I	**Les méthodes d'analyse de contenu**	**99**
	1. Les objectifs de l'analyse de contenu	**99**
	2. Les étapes d'une analyse de contenu catégorielle	**101**
II	**Les méthodes d'analyse statistique**	**105**
	1. L'analyse univariée	**106**
	2. L'analyse bivariée	**110**
	3. L'analyse multivariée	**111**

Bibliographie	**123**
Index	**126**

Avant-propos

Les entreprises sont de plus en plus confrontées à de nombreux bouleversements générant une grande incertitude qui rend les décisions délicates : des mutations technologiques, un environnement très mouvant, des mœurs changeantes, des comportements de consommation évolutifs, etc. qui obligent à remettre en cause les anciens modèles de stabilité.

À leur niveau, les études de marché peuvent contribuer à fournir certaines informations très utiles pour anticiper et prendre une décision en aidant à évaluer ses risques.

Le secteur des études de marché a aussi connu de profondes évolutions ces derniers lustres, ayant transformé les pratiques. Sur *le plan économique*, le regroupement entre prestataires a certes réduit la concurrence mais surtout permis la constitution de groupes d'envergure internationale capables de répondre à la demande de nombreux industriels de disposer d'informations consolidées, et homogènes entre leurs divers pays d'implantation.

Sur *le plan technique*, la généralisation de l'Internet (plus de 80 % des foyers occidentaux équipés) et la diversité des équipements télématiques (ordinateurs portables, tablettes, smartphones, voire TV connectée) ont facilité l'accès aux répondants, diminué les coûts de contact, et conduit à la « modernisation » des d'étude classiques, tant quantitatives que qualitatives, en développant de nouvelles procédures qui renouvellent l'intérêt des études auto-administrées. Enfin, la puissance des calculateurs actuels permet le traitement d'une multitude d'informations de manière simultanée, même de nature différente (data mining).

Cependant, face à l'ensemble des produits d'étude standardisés que proposent nombre d'instituts (et qui constituent la base de leur activité et de leur rentabilité), il importe que le commanditaire sache bien quelles sont les informations qui lui sont nécessaires pour prendre ses décisions. Il lui faut donc connaître les réelles possibilités de chacune des techniques de recueil (et leurs limites) pour s'assurer que les propositions faites répondent bien à ses besoins ; et aussi qu'il puisse s'assurer de la qualité des échantillons.

Enfin, si la réalisation d'une étude de marché est une aide précieuse à la prise de décision, elle n'est pas la décision elle-même, laquelle doit impérativement rester l'apanage et la responsabilité du seul décideur.

Pour ce faire, il importe de bien connaître la finalité des différents types d'études et l'ensemble des bases techniques sur lesquelles elles reposent. C'est l'objet des cinq chapitres de cet ouvrage. En effet, si l'Internet est efficace pour obtenir les informations recherchées, sur le fond il ne révolutionne pas les études, dont l'objectif reste de comprendre l'environnement commercial et concurrentiel pour guider les décisions et contrôler le résultat des actions entreprises.

Cet ouvrage s'inscrit dans une double orientation managériale et pratique. D'abord managériale : le premier chapitre décrit les fonctions de base et les principaux champs d'application des études de marché ; le deuxième chapitre est consacré à la conception du projet d'étude. Puis pratique, avec les chapitres qui abordent les aspects méthodologiques et techniques dont dépend la qualité de l'étude : la construction des échantillons (chapitre trois), l'utilisation des principales techniques d'enquête (chapitre quatre), le traitement des informations recueillies (chapitre 5), tant qualitatives (analyses de contenu) que quantitatives (traitements statistiques).

Sur le plan méthodologique, les études de marché empruntent l'essentiel de leurs moyens aux sciences humaines, économiques et statistiques. Le caractère technique de ces outils contraint de s'appuyer sur la compétence des spécialistes pour garantir la qualité ou la pertinence de l'étude conduite. Mais si le décideur maîtrise quelque peu les bases techniques il pourra exercer objectivement son regard critique sur les propositions qui lui seront soumises et discuter en toute confiance avec le spécialiste.

Chapitre 1
Fonctions et applications des études de marché

DÉFINITION

L'expression « études de marché » définit l'ensemble des procédures techniques mises en œuvre pour produire et fournir de l'information utile et fiable en vue de réduire l'incertitude et d'aider la prise de décision dans tous les champs du marketing. Cette information peut être utilisée pour analyser un problème et suggérer un certain nombre de solutions, ou pour vérifier l'efficience de décisions prises.

Vu la diversité des informations que peuvent fournir les études de marché, il serait illusoire de prétendre en faire une énumération exhaustive. Il est cependant possible de présenter leurs principaux champs d'application à partir des trois fonctions qu'elles remplissent en relation avec la nature des décisions à prendre (section I), ou de les classer à partir des méthodes utilisées pour les générer (section II). Leur application doit permettre de créer et d'exploiter, de manière objective, des informations le plus souvent motivées par des logiques décisionnelles, qui s'inscrivent aussi bien dans le court que le long terme.

I Les différentes fonctions des études de marché et leurs champs d'application

1. La fonction diagnostique

Son objectif est d'*identifier* tous les éléments susceptibles d'intervenir dans la dynamique d'un marché *pour prévoir* le niveau d'activité d'une offre (un produit ou un service) et la rentabilité de son exploitation à terme, compte tenu de l'environnement. Le décideur a d'abord besoin de savoir quelle place cette offre occupe sur le marché actuellement, ou quelle place une offre nouvelle pourrait occuper.

La clientèle et la concurrence considérées dans leur environnement sont les principaux éléments responsables de la dynamique d'un marché. Il importe donc de les étudier dans le détail pour que le décideur obtienne les informations qui lui sont nécessaires ; elles peuvent être regroupées autour de cinq rubriques : le marché, la clientèle, les concurrents, la valeur concurrentielle de l'offre, et les facteurs de réussite sur le marché.

■ Identifier le marché

En marketing, un marché est plus que « le point de rencontre entre une offre et une demande » comme le définissent les économistes. Il peut être analysé sous deux points de vue complémentaires qui permettent d'en définir les contours, ainsi que la clientèle et la concurrence concernées : soit à partir des différentes fonctions qu'une offre précise peut remplir, chaque fonction définissant un marché spécifique ; soit à partir de l'identification d'un besoin dans un public, ce besoin définissant un marché générique.

Par exemple, une bicyclette peut être utilisée (*fonction*) pour se déplacer, pour prendre des loisirs, pour se maintenir en forme, ou pour exercer une activité sportive. Ces fonctions répondent à des *besoins* spécifiques susceptibles de définir une offre technique originale ; et chaque couple fonction-besoins définit un marché particulier (quatre marchés différents dans cet exemple). L'identification d'un marché repose donc sur l'analyse des fonctions qu'une offre existante peut remplir ou sur la mise à jour des besoins qu'une clientèle, réelle ou potentielle, souhaite satisfaire.

Les informations recueillies permettent d'identifier la réalité concrète d'un marché et d'apprécier l'opportunité de l'exploiter ; mais aussi d'évaluer la pertinence de certaines orientations techniques concernant l'offre envisagée.

■ Identifier la clientèle

À partir des besoins ou fonctions, il est possible d'identifier les différentes clientèles susceptibles d'être intéressées par une offre existante ou à concevoir. Elles peuvent être étudiées dans une triple perspective : identificatoire, comportementale, et motivationnelle.

– *Le pôle identificatoire* permet de savoir « qui utilise pour tel usage » ou « qui a besoin de quoi », de caractériser les différentes clientèles, de reconnaître si les centres de décision sont individuels ou organisationnels, et de faire la distinction entre utilisateurs, acheteurs et prescripteurs.

– *Le pôle comportemental* permet de connaître le rapport objectif qu'un client entretient avec une offre à travers l'analyse des conditions d'utilisation : « qui utilise (ou utilisera) comment, avec quelle fréquence, dans quelles circonstances, en quelle quantité, etc. ».

– *Le pôle motivationnel* permet d'étudier le rapport subjectif, favorable ou défavorable, du client envers une offre : « qui utilise (ou utilisera) avec quels objectifs, quelles attentes, quelles motivations, et quelle satisfaction, etc. ».

Les informations ainsi recueillies permettent de qualifier les publics analysés pour les segmenter en fonction de leurs caractéristiques distinctives et de leur niveau d'intérêt envers les offres étudiées. Elles sont utiles pour dégager l'existence de différentes clientèles, mesurer leur étendue afin d'estimer le potentiel de leur marché et identifier les cibles commerciales à privilégier. En matière de cycles par exemple, les exigences d'un cyclotouriste (fonction « loisirs ») ne sont pas les mêmes que celles d'un coureur professionnel (« fonction sportive ») : des fonctions différentes définissent des clientèles spécifiques auxquelles doivent correspondre des offres adaptées.

Ces informations permettent aussi de percevoir les opportunités existantes pour une offre nouvelle, ou d'apprécier le degré de pertinence d'une offre existante. Elles permettent encore d'identifier les structures comportementales et les processus décisionnels dont la connaissance peut faciliter les choix tactiques à effectuer.

■ Identifier la concurrence

Définir un marché en s'appuyant sur les notions de « fonction » ou de « besoin » permet d'identifier deux niveaux de concurrence – directe et indirecte – à bien différencier.

La *concurrence indirecte* s'exerce entre des offres – produits ou services – qui remplissent auprès de la clientèle une même fonction, bien que la technicité les caractérisant puisse ne pas être la même : ainsi, téléphone filaire ou portable, messagerie électronique, courrier postal satisfont un même besoin de communiquer et sont en concurrence pour transmettre un message ; pour un déplacement sur une petite distance, cycle, bus et taxi sont fonctionnellement en concurrence. L'analyse de la concurrence indirecte permet d'identifier auprès des clientèles étudiées toutes les offres qu'elles perçoivent comme étant parfaitement substituables. Ce type de concurrence dépend donc des différentes fonctions que peut remplir une offre.

Les informations recueillies dans cette logique permettent à une entreprise d'identifier les différents marchés sur lesquels son offre spécifique peut trouver des débouchés, moyennant d'éventuelles adaptations techniques : pour passer du marché des loisirs au marché de la santé, le vélo du cyclotouriste peut perdre ses roues pour devenir un vélo d'appartement après modifications.

L'étude de la concurrence indirecte permet de découvrir d'éventuelles opportunités de développement sur certains marchés, d'identifier des risques émanant de secteurs qui ne sont pas naturellement ceux de l'entreprise ou situés dans des horizons temporels qui ne sont pas immédiats.

La *concurrence directe* s'exerce entre des entreprises qui, du point de vue de la clientèle, proposent des offres technologiquement identiques que la marque seule permet de différencier : Orange, SFR, etc. sont des marques qui s'affrontent sur le marché des télécommunications, tout comme les différentes marques de cycles pour le cyclotourisme, ou d'automobiles de très petite cylindrée pour les déplacements en ville, etc. Ces différentes offres répondent à un même besoin, ou remplissent une même fonction, en proposant des caractéristiques techniques très voisines, voire totalement identiques dans le cas des *me-too-products*.

Les informations recueillies permettent alors à une entreprise d'identifier sur chaque marché qu'elle exploite toutes les firmes qui proposent des offres technologiquement comparables aux siennes et qui sont ses concurrents directs. Elles lui permettent aussi de jauger leur puissance commerciale (antériorité, importance du développement, étendue de la gamme ; caractéristiques précises et niveau de qualité technique ; moyens commerciaux et moyens financiers, etc.), et de mesurer le risque qu'elles constituent pour sa propre activité et sa réussite sur le marché étudié.

L'étude de la concurrence directe permet d'apprécier les risques immédiats et les marges de manœuvre concernant l'activité commerciale liés aux rapports de forces qui s'établissent entre concurrents travaillant les mêmes clientèles avec les mêmes produits. Elle permet encore de repérer d'éventuelles « niches », opportunités techniques ou commerciales laissées par la concurrence qu'il serait possible d'exploiter (à l'exemple de Bel proposant avec *Kiri* un fromage spécifiquement destiné aux enfants).

■ **Identifier la valeur concurrentielle de l'offre**
Il s'agit d'apprécier dans quelle mesure l'offre de l'entreprise se différencie positivement des offres concurrentes, en étudiant d'abord objectivement sa *valeur technique* à l'aide de tests en laboratoire, puis sa valeur subjective. Pour estimer la *valeur subjective* d'une offre, il faut l'étudier du point de vue de la clientèle et en l'abordant sous plusieurs angles :

– dans l'absolu, pour vérifier si ses qualités sont reconnues et si sa perception correspond aux attentes (tests d'accueil) ;

– de manière comparative, pour vérifier si l'offre reste intéressante et réellement concurrentielle (tests comparatifs) ;

– et en situation, pour la confronter concrètement aux autres offres afin de déterminer son réel intérêt commercial (tests d'essai et tests de marché).

En mesurant la valeur concurrentielle de l'offre, ces informations permettent de guider certains choix stratégiques (modification de l'offre, décision de lancement) ou tactiques (niveau de prix, axes de communication, etc.).

■ **Identifier les facteurs de réussite
liés à l'environnement du marché**

L'entreprise doit se tenir informée sur un certain nombre de facteurs (les « facteurs clés de succès ») liés à l'environnement qui peuvent intervenir dans la réussite commerciale d'une offre indépendamment des choix volontaristes qu'elle effectue. Leur analyse la renseigne sur les conditions optimales ou les limites à l'accès d'un marché donné.

– Les facteurs liés à *l'environnement économique et technique* du marché étudié. La technologie, dont l'évolution modifie parfois radicalement les champs concurrentiels : l'avènement de la photographie numérique a fait des spécialistes du traitement de l'image les leaders du marché des photoscopes. L'évolution de la situation économique, des décisions politiques ponctuelles, l'émergence de nouvelles sensibilités sociologiques, peuvent avoir une influence sur la dynamique d'un marché, à court comme à long terme : les préoccupations liées au développement durable, au réchauffement climatique, à la crise économique se combinent pour entraîner une modification sensible et progressive des comportements de consommation. L'entreprise doit être informée sur tous les signes d'évolution, même faibles, pour anticiper sur des changements plus profonds.

– Les facteurs liés à *la maîtrise des intermédiaires* et principalement le rôle joué par les distributeurs et les prescripteurs dans la relation de l'entreprise avec ses clients. Les études permettent d'identifier les individus ou les organismes qui interviennent dans la filière commerciale en effectuant des recommandations, voire de connaître leur influence en tant que prescripteurs (le médecin pour les spécialités pharmaceutiques, le pharmacien pour les médicaments de confort, l'architecte dans l'industrie du bâtiment), ou en tant que distributeurs dans leur rôle de diffuseur (structure et importance du réseau, conditions d'accès et barrières à l'entrée) ou de prescripteurs directs (vendeur dans un magasin spécialisé, commerçant dans sa boutique).

– Les facteurs les plus déterminants de *l'efficience des stratégies commerciales* dans un contexte environnemental et concurrentiel donné. Tous les marchés ne réagissent pas selon le même modèle mais en fonction de leur structure, de leur organisation, de leurs clientèles, de leur dynamique économique. Les informations recueillies sur les champs précédents contribuent à l'identification des composantes du *mix-marketing* qui peuvent faciliter la réussite dans un contexte donné, afin d'en tenir compte dans l'élaboration des stratégies commerciales. Par exemple, pour réussir dans le domaine de la coiffure, il faut créer un réseau de distribution franchisé pour acquérir une couverture nationale (distribution) autour d'un nom fédérateur porteur d'image (marque) et supporté par une communication nationale (publicité et relations publiques).

Base de l'« intelligence » marketing, la fonction diagnostic implique une description minutieuse et une étude objective des faits en s'appuyant sur des moyens d'investigation (utilisant largement le Web) et des outils d'analyse adaptés au recueil et à l'exploitation des informations utiles pour la prise de décision. Des trois fonctions présentées, c'est la plus gourmande en budget et en temps, tant par la diversité des moyens utilisés que la fréquence de leur utilisation. Ces moyens couvrent la veille économique, technologique et commerciale ; ils vont de l'analyse documentaire à la réalisation d'études spécifiques (pour créer les informations nécessaires à l'analyse d'un problème) ; et de l'exploitation d'informations recueillies sur Internet à l'achat de données (comme celles des panels) jusqu'à l'observation sur le terrain et les relevés en magasin (*store-checks*).

2. La fonction stratégique ou décisionnelle

Son objectif est d'*analyser* les conditions de la réussite de l'entreprise sur un marché *pour aider les décisions* relatives aux choix à faire (en conformité avec les objectifs de la politique générale) tant sur le plan stratégique en élaborant les scénarios les plus adaptés, que sur le plan tactique en orientant les choix techniques liés aux différentes composantes du *mix-marketing* : l'offre (produit, prix, après-vente), la mise sur le marché (force de vente et distribution), et la communication (publicité, promotion, relations publiques, etc.).

■ Les orientations stratégiques

Le premier choix stratégique en marketing concerne, dans le cas d'un marché nouvellement identifié, la décision de l'investir ou non ; et dans le cas d'un marché déjà exploité, de maintenir l'offre existante en l'état, de la modifier, ou de la retirer. Les autres choix stratégiques concernent la sélection des cibles et la définition des positionnements adaptés à ces cibles. En réalité, ces choix n'impliquent pas de créer des informations nouvelles, mais d'exploiter celles déjà recueillies lors du diagnostic et qui ont déjà permis d'apprécier la qualité du phasage avec le marché.

■ Les options tactiques

La réussite commerciale d'une offre dépend pour une large part de la politique marketing mise en œuvre, moyen pour l'entreprise d'établir et de maintenir durablement le contact avec sa clientèle. Cette réussite dépend des choix opérés sur les éléments qui composent le *marketing-mix*. Le tableau 1.1 donne un aperçu des problèmes décisionnels à travers les informations recherchées et les types d'études qui permettent de les obtenir.

■ Exemple de mise en œuvre

Orientations stratégiques et options tactiques sont étroitement liées, tout comme les fonctions diagnostique et décisionnelle, à l'exemple du cas suivant. Une entreprise rencontre quelques difficultés dans la commercialisation d'une barre chocolatée. Elle a *diagnostiqué* que le succès commercial de ce type de produit, outre sa qualité, dépend de deux principaux facteurs : le niveau de référencement dans certains réseaux de distribution et le positionnement de la marque.

Quels que soient les segments de clientèles étudiés, elle a pu constater *après analyse* que ses choix étaient adaptés en matière d'offre et de distribution, mais peu pertinents en matière de positionnement : son caractère diététique n'était par exemple pas crédible. Sur le plan stratégique, ce constat lui a permis de s'interroger sur les conditions d'évolution de son positionnement face à la concurrence et d'identifier les points d'image précis qu'il convenait de travailler : ainsi, l'énergétique a efficacement remplacé le diététique. Sur le plan tactique, ce constat l'a conduite à s'interroger sur les moyens à mettre en œuvre pour réussir cette évolution : publicité et promotion s'imposaient.

Fonctions et applications des études de marché

Tableau 1.1 – Études pour aider les choix concernant le marketing-mix

Éléments du marketing-mix	Types de problème		Types d'étude
Politique d'offre	Produit	Recherche et analyse d'idées Qualité technique Acceptabilité Valeur concurrentielle	Test de concept Test de produit (prototype) Test d'accueil Test comparatif
	Marque	Recherche et choix de nom Image de la marque	Test de nom Étude d'image
	Emballage	Image du matériau Visibilité en linéaire	Test d'acceptabilité Test d'impact
	Prix	Prix optimum Différentiel de prix	Test de prix psychologique Test de vente
	Lancement	Niveau et vitesse de pénétration sur le marché	Test de lancement Marché test Marché simulé
Politique de mise sur le marché	Force de vente	Recherche et analyse d'argumentaire	Achat mystère Test d'argumentaire
	Distribution	Référencement Assortiment Optimisation des stocks Implantation en linéaire	Études par panel
	Implantation	Potentiel commercial Zones de chalandise	Études d'implantation
	Merchandising	Organisation et aménagement du magasin	Tests de linéaire, de fréquentation Tests de vente

Éléments du marketing-mix	Types de problème		Types d'étude
Politique de communication	Contenu	Recherche et choix des axes Sélection des promotions	Test de concept publicitaire
	Création	Qualité et pertinence de la création Valeur d'impact	Prétest de communication Post-test
	Contrôle	Objectifs atteints : – de communication – d'activité	Bilan de campagne Études par panel
	Médias	Audience des médias et des supports	Études d'audience

La question s'est ensuite posée de savoir ce qu'il convenait concrètement de faire en matière de publicité et de promotion. Le diagnostic effectué antérieurement a permis d'identifier plusieurs pistes à exploiter. Une phase d'étude a permis de *tester plusieurs alternatives* (comparaison entre deux publicités démontrant les effets de la barre, l'une avec un enfant débordant de vitalité, l'autre avec un élève modèle réussissant tout) pour en apprécier prospectivement les effets, puis poser une recommandation.

La fonction décisionnelle des études ne se limite donc pas seulement à la formulation d'hypothèses : elle initie nécessairement des investigations (avec des études classiques ou par simulation) fournissant des informations pour évaluer les alternatives stratégiques ou tactiques qui sont envisageables, et les tester pour les hiérarchiser selon leur degré de performance supposée ; ou pour identifier celle qui est la mieux adaptée à une situation donnée.

3. La fonction de contrôle

L'objectif du contrôle est de *vérifier* dans quelle mesure les décisions marketing ou commerciales prises et les actions qui en découlent ont permis d'*atteindre les objectifs fixés.* Dans l'exemple cité, on vérifiera auprès de la clientèle ciblée et au terme de la campagne publicitaire, si l'image de la marque a bien évolué dans le sens souhaité, et pour quelle part chacun des outils du *marketing-mix* utilisés y a contribué. Dans son principe, le contrôle consiste à identifier et à mesurer objectivement l'importance des écarts – positifs comme négatifs – entre ce qui a été prévu et ce qui est réellement obtenu.

Ce bilan peut être synthétique, fondé sur quelques indicateurs globaux (un taux de notoriété par exemple), ou plus analytique, intégrant l'étude d'un ensemble de critères choisis pour leur pertinence et leur capacité à rendre compte des effets spécifiques d'une variable du *mix* utilisée (le score atteint sur chacun des points d'image dans l'exemple cité). Les résultats d'un bilan peuvent aussi servir à orienter les futures décisions.

– *Le contrôle global des objectifs.* Il concerne les objectifs commerciaux liés à l'activité réalisée. Généralement, ils sont appréciés de manière synthétique, ne s'intéressant qu'à l'évolution d'un indicateur réputé pour rendre compte efficacement du résultat atteint et choisi en fonction du type d'objectif fixé (par exemple, le volume des ventes, le pourcentage de développement de l'activité, l'évolution de la part de marché…).

– *Le contrôle des objectifs liés aux décisions tactiques.* Il concerne les actions liées aux éléments du *marketing-mix* exploités, par exemple : les objectifs attendus d'une politique de distribution (niveau de référencement, de présence en magasin, rotation des stocks et limitation des ruptures…) ou d'une politique de communication (bilan de campagne pour vérifier le niveau de notoriété, la qualité du positionnement, l'évolution de points d'image…).

– *Le contrôle d'objectifs concernant la clientèle.* Il porte sur le niveau de satisfaction, particulièrement dans l'offre des services. Il est effectué de manière globale (indice de satisfaction), ou décomposé en un certain nombre de points sensibles qui ont fait l'objet de l'action marketing entreprise (par exemple, pour un centre de soins : la qualité de l'accueil, la capacité d'écoute, la propreté, etc.). Il peut aussi concerner l'évolution du comportement de la clientèle (nouvelles utilisations, respect de consignes d'usage…).

Approche globale et approche analytique sont volontiers associées dans une même opération de contrôle afin d'identifier les sources et les causes de l'écart constaté ; ce qui conduit à orienter les décisions futures grâce au repérage des éléments qui, dans l'action marketing, ne produisent pas les résultats qui étaient attendus. Par exemple, on peut montrer que l'évolution d'un indice de satisfaction globale est fonction des performances mesurées sur certains éléments constitutifs du service évalué et identifier ainsi ceux qu'il conviendra alors de travailler en priorité.

L'évaluation des actions entreprises doit s'appuyer sur des critères pertinents, étroitement liés aux objectifs étudiés, en utilisant des méthodologies éprouvées. Mais la recherche et la compréhension des causes à l'origine des écarts constatés, qui permettent d'effectuer les actions correctives pertinentes, relèvent d'une nouvelle phase de diagnostic et non du contrôle.

II Les principales sources d'information

Pour être renseigné sur les constantes évolutions de son environnement, le décideur dispose d'un certain nombre de moyens d'information, des plus formels – études documentaires, études permanentes (panels) et ponctuelles (enquêtes) – au plus informel : l'exploitation rationnelle de l'information échangée sur le Web.

1. Les études documentaires / secondaires

DÉFINITION

L'étude documentaire ou *desk research* collecte, exploite et synthétise diverses informations déjà disponibles, internes ou externes à l'entreprise, dites « secondaires » car préexistantes au problème à étudier.

Elle permet d'obtenir des informations sur la structure et l'organisation d'un secteur d'activité ou d'un marché : étendue et diversité de l'offre, données statistiques, principaux acteurs (dont les circuits de distribution). Elle peut aussi fournir des données plus qualitatives concernant les stratégies des concurrents, le positionnement de leurs marques, ou la perception que peuvent en avoir les clientèles à travers les « traces » laissées sur les réseaux sociaux.

■ Les types d'informations documentaires

Les *informations secondaires internes* se trouvent dans les archives de l'entreprise au sein des services commerciaux et autres (production, comptabilité, contentieux…). Elles concernent ses statistiques de vente et ses dossiers comptables, ses fichiers de clientèles et les rapports de ses vendeurs, l'information stockée sur la concurrence, les études de marché antérieures, les informations récoltées auprès des services « consommateurs » ou « après-vente », etc. Mais, ces informations, créées initialement pour d'autres usages, devront parfois être reformatées pour être exploitables dans la logique des nouvelles études menées.

Les *informations secondaires externes* se trouvent à l'extérieur de l'entreprise, dans la littérature (annuaires, revues professionnelles, publications syndicales, revues scientifiques, analyses de cas, comptes rendus de conférences et de congrès), sur Internet (sites, forums, tweets et blogs) ou auprès d'organismes professionnels, généralistes ou spécialisés, susceptibles de les fournir à titre gracieux ou onéreux selon la nature et l'importance des informations recherchées.

■ Les sources documentaires

Il existe des répertoires des sources documentaires françaises et internationales par secteurs d'activités, édités par des professionnels de la documentation et accessibles par Internet (pour le marketing : Adetem.org). Les organismes fournisseurs d'informations documentaires peuvent être classés en trois catégories (voir quelques sites Internet p. 125).

Les organismes publics et parapublics, nationaux et supranationaux, souvent initiés par les instances politiques afin de disposer d'informations de qualité. Ils fournissent des données fiables, actualisées et accessibles pour un prix modique, et produisent de nombreuses publications. Citons les ministères, les banques centrales et sous contrôle étatique, et un certain nombre de sources plus spécialisées :

– pour la France : l'Institut national de la statistique et des études économiques (insee.fr), La Documentation française (ladocfrancaise.gouv.fr), l'Agence française pour le développement international (ubifrance.fr), les sites gouvernementaux et les Postes d'expansion économique, le CREDOC (credoc.assoc.fr), etc.

– pour l'Europe et le monde : les centres d'information de l'Organisation des Nations Unies, l'Organisation pour la coopération et le développement économique (ocde.org), l'Office statistique des Commissions de la Communauté européenne (Eurostat), les postes d'expansion économique des Chambres de commerce installées à l'étranger...

Les organisations professionnelles, Chambres de commerce et d'industrie, Chambres syndicales et associations professionnelles. Au-delà de la défense de leurs intérêts, elles gèrent des banques d'informations concernant leurs secteurs d'activité, mises à la disposition de leurs adhérents et d'éventuels acquéreurs à des prix modiques. Ces banques résultent d'une démarche volontariste de la part des entreprises adhérentes fournissant ces données : la qualité des informations diffusées dépend donc de leur engagement.

Les organismes privés commercialisent des informations de nature diverse : technique, politique, économique, commerciale, juridique, etc., à l'exemple du Centre d'observation et de recherches pour l'expansion de l'économie et le développement de l'entreprise (coe-rexecode.fr) ou Xerfi (ex Precepta). Ces sociétés de « renseignement », offrent une panoplie de prestations, depuis la consultation de leurs banques de données, jusqu'à la veille technologique et concurrentielle, ou la réalisation d'une recherche documentaire ponctuelle pour un client. Ces services, généralement de qualité, sont assez onéreux car le prestataire assure et contrôle toutes les opérations de recherche et de traitement dans des délais rapides. Néanmoins, certains d'entre eux mettent en ligne des rapports d'expertise sur nombre de sujets sectoriels.

■ **L'étude documentaire avec l'Internet**

L'entreprise peut sous-traiter sa recherche documentaire auprès d'un prestataire spécialisé, mais elle peut la réaliser elle-même avec l'Internet. Cela implique certaines précautions en étant conscient que l'étude, pour être complète, dépasse la simple collecte : il faut une analyse et une synthèse pertinentes des contenus collectés.

Il y a deux approches pour collecter les informations requises :

• naviguer sur des sites préalablement identifiés (en espérant avoir été exhaustif) : cela suppose une connaissance apriori de la nature des informations que chacun peut fournir. Il suffit alors d'explorer chaque site pour extraire l'information recherchée ; mais il y a peu de chance de trouver une information inattendue intéressante.

• lancer une requête sur un moteur de recherche avec une série de mots clés supposés être liés à la problématique étudiée. Le résultat est le plus souvent une liste impressionnante de sites dont le lien à la problématique n'est ni évident, ni garanti, avec le risque de perdre de vue l'objectif de recherche initial et se laisser dépasser par l'information. Mais la probabilité de trouver une information originale inattendue est plus élevée (après avoir passé beaucoup de temps à nettoyer la base obtenue et valider sa pertinence). Il est possible ainsi d'avoir accès au contenu des échanges entre individus ou communautés sur les réseaux sociaux ; mais l'exploitation de ce type d'informations relève plus des techniques d'enquêtes (ch.2, II) que de l'étude documentaire.

Quoiqu'il en soit, si l'Internet facilite l'accès à de nombreuses sources d'information, cette facilité a ses limites. Pour réaliser une étude documentaire de qualité, certaines précautions élémentaires doivent être suivies :

– identifier et choisir préalablement les sources susceptibles de fournir les informations pertinentes et privilégier les sources qui sont à l'origine des données ;

– analyser puis sélectionner les données à traiter après en avoir apprécié la qualité, particulièrement leur validité (avec quelles méthodologies ont-elles été élaborées ?) et leur actualité (n'utiliser que des données clairement datées) ;

– exploiter les données sélectionnées avec esprit critique (recouper les informations entre différentes sources) et rédiger les conclusions avec intelligence (ne comparer que ce qui est comparable).

Pour limiter les risques inhérents à toute information documentaire, il peut être pertinent finalement d'en confier la réalisation à des organismes spécialisés qui se portent garants des informations fournies.

2. Les études sur échantillons permanents : les panels

DÉFINITION

Les panels sont des échantillons permanents d'individus ou d'organisations consultés de manière continue ou périodique pour recueillir des informations standardisées et partagées entre plusieurs souscripteurs.

Il existe plusieurs types de panels dont les informations ainsi produites permettent de conduire des études longitudinales pour analyser l'évolution d'un comportement ou d'un phénomène au cours du temps et en saisir les fluctuations, par exemple la vitesse de pénétration d'un nouveau produit sur le marché ou l'évolution des rapports de force entre les concurrents exprimés en part de marché.

La plupart des sociétés de panels ont une couverture internationale et proposent à la fois des panels d'acheteurs et de distributeurs. Au-delà des informations standardisées issues de ces outils, elles peuvent aussi réaliser des « *études spéciales* » susceptibles de répondre à une question spécifique en s'appuyant sur la multiplicité des informations dont elles disposent.

EXEMPLE

IMS Health France a réalisé une étude spéciale pour le Conseil national de l'Ordre des pharmaciens afin de disposer d'informations objectives et fiables pour répondre aux critiques dont la profession est l'objet sur son monopole de distribution (surconsommation médicamenteuse en France comparée à l'Europe, prix des OTC plus élevés qu'en parapharmacie, absence de concurrence entre officines, etc.). À cette fin, IMS a utilisé les informations issues de ses panels en France et en Europe (*Pharmatrend* : officines ; *Paratrend* : parapharmacies).

■ Les panels de clientèles

Ils sont constitués d'échantillons de foyers dans les *panels d'acheteurs* (ou de consommateurs : *Worldpanel* de Kantar et *HomeScan* de Nielsen) ou d'individus dans les *panels de prescripteurs* (Métascope de TNS-Sofrès) et les *panels d'audience* (*Médiamat/NetRatings* pour l'audience du web qui associe Médiamétrie et Nielsen). Les informations recueillies permettent d'identifier et de caractériser les clientèles, d'étudier leurs profils, de déterminer, d'analyser et de suivre l'évolution de leurs comportements et habitudes; elles contribuent à l'étude des stratégies de segmentation.

L'agrégation des données individuelles renseigne aussi sur la structure et la dynamique globale d'un marché, par exemple sur la part de marché des marques ou des enseignes (en volume et en valeur) avec les panels d'acheteurs pour des produits de grande consommation; sur celle des émissions et des chaînes de télévision ou des sites Internet avec les panels d'audience.

Les informations sont relevées le plus souvent par enregistrement électronique (code-barres des produits achetés, en magasin par scannérisation ou au domicile à l'aide d'une «scannette»; utilisation d'un audimètre pour l'audience de la télévision; relevés informatiques pour les médecins).

■ Les panels d'intermédiaires

Ce sont des échantillons de points de vente (commerce de détail ou de gros) – constitués par des sociétés telles que IRI avec *Infoscan*, Nielsen avec *ScanTrack*, GfK avec *MS Retail* ou IMS Health avec *Pharmastat* – qui permettent d'apprécier leur rôle dans l'écoulement des produits et des services, ou dans la dynamique d'évolution d'un marché. Le traitement des informations recueillies auprès de chaque magasin renseigne sur les ventes en volume et en chiffre d'affaires, sur le niveau de référencement, sur la part de marché des marques, le poids des enseignes et sur la gestion des stocks (rotation, durée, rupture).

Une exploitation méthodique des informations recueillies (tableau 1.2) permet aux industriels d'analyser la diffusion des marques pour construire puis contrôler leurs stratégies de distribution en fonction du contexte concurrentiel.

Les *panels de détaillants* ou de distributeurs fournissent divers indicateurs basiques tels que :

– la Distribution numérique (DN) : elle définit le pourcentage de magasins qui référencent ou «détiennent» la marque étudiée par rapport au nombre total de points de vente possibles; c'est une mesure de la pénétration d'une marque dans le réseau de distribution;

– la Distribution valeur (DV) : elle mesure le pourcentage du chiffre d'affaires de la classe de produit réalisé par les points de vente qui référencent la marque étudiée ; la DV fournit donc une appréciation objective de la valeur économique des magasins dans lesquels une marque est diffusée.

Les **panels mixtes** ou *single source* (*MarketingScan* de GfK-Médiamétrie) associent panels d'acheteurs et de distributeurs. Dans des villes tests, ils combinent le relevé des ventes en magasin avec celui des achats des clients et leur exposition aux médias. Ils permettent d'analyser l'influence directe des actions marketing sur les achats.

■ Les panels de professionnels

Ces panels concernent une profession particulière dont on veut analyser le comportement, voire les opinions. Ils sont réalisés à l'initiative d'associations professionnelles ou d'un consortium de producteurs, regroupant des souscripteurs intéressés, comme dans le domaine agricole (pour suivre par exemple le marché des produits phytosanitaires, les niveaux de production, la sensibilité de ce public, etc.) où les informations sont recueillies sur un échantillon d'exploitations agricoles interrogé périodiquement.

■ Les baromètres

Ce sont des échantillons d'individus interrogés *périodiquement* avec un même questionnaire standardisé afin de mesurer dans le temps l'évolution de leurs opinions sur des produits, des marques, des idées… Dans le secteur des services, les baromètres sont très utilisés pour mesurer l'évolution de la satisfaction des clientèles.

> **EXEMPLE**
>
> Divers instituts de sondage (Ipsos, TNS-Sofres) mesurent mensuellement la popularité des politiques auprès d'échantillons d'individus – comparables entre vagues d'enquête – en leur demandant s'ils se sentent « proche ou éloigné » de chacun des noms présentés sur une liste.

L'usage d'un baromètre implique, d'une vague à l'autre, d'interroger avec les *mêmes* questions des personnes *comparables* (avec des échantillons représentatifs ou appariés ou avec les mêmes individus dans le cas d'un panel) ; ces contraintes mènent à assimiler les baromètres à des échantillons quasi permanents.

Tableau 1.2 – **Complémentarité des informations entre panels d'acheteurs et de distributeurs**

Nature des informations	Panels de consommateurs ou d'acheteurs	Panels de points de vente ou de distributeurs
Structure du marché – volume/chiffre d'affaires – taux de pénétration du marché – diversité des produits – variété des conditionnements	oui	oui
Structure de la concurrence[1] – marques en présence – volume des marques – parts de marché – prix pratiqués	oui	oui
Structure de la distribution[1] – régions, enseignes – circuits de distribution	oui	oui
– magasins détenteurs – taux de présence en linéaire – stocks et ruptures de stock – temps de rotation du stock	non	oui
Structure de la consommation – quantités achetées – lieux d'achat (enseignes) – structures régionales – saisonnalité des achats	oui	oui
– nombre d'acheteurs – fréquences d'achat – mixité d'achat	oui	non
Caractérisation des acheteurs – professions et catégories sociales (PCS) – profil socio-démographique – critères psychographiques – équipement : taux et caractéristiques – segmentation	oui	non

---

1. Si le panel d'acheteurs ventile les résultats en fonction de la structure de la distribution, seul le panel de distributeurs fournit une information précise sur la structure de la distribution ; il permet aussi de mesurer le poids commercial des marques concurrentes, alors que le panel d'acheteurs informe sur les marques concurrentes utilisées dans un foyer.

L'importance des investissements exigés pour la mise en œuvre des panels justifie le caractère collectif de ces études : la même information est partagée par différentes entreprises qui souscrivent un abonnement. Ils l'obtiennent directement par voie télématique et l'exploitent spécifiquement en fonction de leurs besoins selon des procédures qui leur sont propres ; à la demande, les sociétés de panels fournissent aussi des résultats standards.

Panels d'acheteurs et panels de distributeurs peuvent fournir des informations partiellement redondantes (tableau 1.2) ; cette complémentarité permet de recouper les informations et d'en contrôler la convergence.

3. Les études sur échantillons ponctuels

DÉFINITION

> Une étude ponctuelle fournit une information spécifique, obtenue sur des échantillons spécialement constitués pour la circonstance et appelée « information primaire » parce que tenue de première main par le commanditaire qui en a la propriété et l'exclusivité.

Cette information qui vise à résoudre un problème particulier est l'« instantané » d'un aspect du marché étudié à un moment donné. L'accumulation de ces instantanés (comme la notoriété d'une marque), obtenus à différentes périodes avec des outils standards et sur des échantillons indépendants mais statistiquement représentatifs, permet d'analyser l'évolution de l'aspect étudié. Il existe deux types d'études ponctuelles : l'étude *omnibus* et l'étude *ad hoc*.

■ L'étude « omnibus » ou « périodique »

C'est une étude *collective* réalisée périodiquement selon des procédures standardisées sur des échantillons représentatifs. Elle se caractérise par l'accumulation d'une série de questions spécifiques qui portent sur des thèmes ou des produits différents et qui sont déterminées par des souscripteurs qui partagent la même vague d'enquête (d'où l'image de l'omnibus). Son usage est limité à des questions simples pour obtenir une information quantitative permettant de faire rapidement le point sur l'opinion d'un public ou sur le comportement d'une clientèle à un moment donné. Ces études périodiques sont parfois utilisées *ponctuellement* à la place des « baromètres » pour mesurer la satisfaction d'une clientèle.

EXEMPLE

Dans une même étude, on demande, à l'interviewé de répondre successivement à une question sur la consommation d'un produit, puis à des questions sur les conditions d'utilisation d'un service, puis sur le souvenir d'une campagne publicitaire et, enfin, sur son opinion concernant un fait politique.

Le coût de la prestation, relativement inférieur à celui d'une étude exclusive, est fonction du nombre de questions commanditées ; mais elle se limite à l'administration des questions et à des traitements statistiques élémentaires ; au terme de l'enquête, le commanditaire ne dispose que de l'information concernant ses seules questions.

Ces études périodiques sont proposées en souscription par des sociétés d'études qui travaillent sur des échantillons indépendants composés de 1 000 à 2 000 individus, renouvelés à chaque vague. Ces échantillons sont constitués par sélection directe des enquêtés (cas des études par téléphone) ou en puisant dans un vivier permanent d'individus, appelé *access panel* (cas des études par Internet) ; représentatives d'une population de référence, ces personnes sont volontaires pour être périodiquement sondées sur des sujets divers. Cette procédure d'échantillonnage est aussi utilisée dans les études *ad hoc*.

■ **L'étude «ad hoc»**

C'est une étude réalisée sur mesure, à la demande exclusive d'un commanditaire. Son objectif est de traiter un problème spécifique en fournissant les informations nécessaires et pertinentes grâce à la mise en œuvre des moyens techniques les plus adaptés à son examen (en latin *ad hoc* signifie «à cet effet»). Par exemple, c'est ce type d'études qu'on utilisera pour identifier, sur une cible définie, les motivations et les freins à la consommation de produits «éthiques» ou à l'adoption de comportements «responsables», ou encore l'intérêt pour une nouvelle offre technologique, etc.

La réalisation des études *ad hoc* implique une bonne connaissance des diverses méthodes d'investigation et de leurs objectifs, la maîtrise de leurs caractéristiques techniques, ainsi que celle des méthodes d'échantillonnage et de traitement des données. Elle impose aussi une réflexion sur leur usage et les conditions de leur mise en œuvre (objet des chapitres suivants). Aussi, la spécificité de l'étude *ad hoc* justifie son coût élevé.

4. Les marchés-tests

DÉFINITION

Ensemble de techniques qui permettent d'estimer le potentiel de vente et, à terme, la part de marché d'un produit nouveau en l'introduisant sur le marché pendant un temps réduit sur un espace géographique restreint.

L'objectif d'un marché-test est d'aider la décision de lancer une nouvelle offre en renseignant sur les taux de pénétration, de consommation par achat et de ré-achat observés et mesurés sur une période variable selon le cycle d'usage du produit. S'agissant d'une étude lourde à réaliser, elle ne s'impose que s'il y a un risque financier élevé en cas d'échec, d'autant plus que sa réalisation risque d'informer la concurrence sur la nouveauté testée.

Un marché-test est un test de vente réalisé dans des conditions réelles (vrais magasins) ou expérimentales (faux magasin, voire magasin virtuel). Réalisé dans des conditions réelles, le test suit quelques principes : (a) définir la zone géographique et les magasins où le produit testé sera implanté ; (b) recenser les achats pour évaluer le taux de pénétration dans la cible ; (c) mesurer le taux de ré-achat (avec des enquêtes complémentaires), cet indice étant déterminant du succès du lancement (il mesure l'intérêt de l'offre et la fidélisation) ; (d) faire durer le test – de quelques mois à plus d'une année selon le produit – pour disposer de mesures statistiquement fiables ; (e) associer conjointement à ces mesures des enquêtes auprès de la clientèle pour apprécier l'intérêt et la satisfaction alloués au produit ; (f) au terme du test, extrapoler les résultats (volume, part de marché) obtenus sur l'échantillon à la population, puis affiner ces prévisions (niveau de pénétration et volume probables 6 mois, un an après le lancement ; délai d'obtention du seuil de rentabilité).

EXEMPLE

Selon l'enjeu économique – national ou international – la zone géographique de test peut être une région ou un pays. Ainsi, le marché belge a servi de test pour *Actimel* (Danone) en vue d'un lancement européen.

Médiamétrie et GfK proposent pour réaliser un marché-test en France, un outil qui combine panel d'acheteurs (*BehaviorScan* :

22 000 consommateurs) avec panel de distributeurs (*MarketingScan* : 54 magasins couvrant 15 enseignes qui référencent le produit testé) échantillonnés sur 6 villes dans trois régions. Comme les panélistes peuvent être exposés à des plans marketing différenciés (niveaux de prix, de pression publicitaire et promotionnelle), il est possible d'identifier celui qui optimise les résultats commerciaux. Moins cher qu'un test de vente classique, il ne garantit pas la confidentialité.

Le *marché test simulé* vise les mêmes objectifs, mais obtenus à moindre coût et plus rapidement tout en préservant la confidentialité du nouveau produit. À l'intérieur d'un faux magasin, un échantillon de quelques centaines de personnes sont invitées à acheter un produit dans un rayon qui contient celui en test et ses concurrents. Mais, auparavant, elles ont été exposées à des écrans publicitaires ; il est possible aussi de faire varier le prix, le packaging, etc. entre des sous-échantillons. Ensuite, les individus testent le produit à leur domicile, puis suit une enquête sur leur intérêt et leur intention d'achat manifestés. À partir de toutes ces informations (dont l'achat), un modèle mathématique estime ce que seront les performances du produit testé (tels que sa pénétration, son volume et sa notoriété). Plusieurs modèles sont commercialisés (*Designor* d'Ipsos-Novaction, *Bases* de Nielsen) dont les performances prédictives se sont révélées assez fiables.

Chapitre 2

La conception du projet d'étude

La réalisation d'une étude de marché résulte d'un processus en trois étapes, chacune comportant deux phases : (a) la conception du projet qui implique l'identification et la compréhension du vrai problème à traiter avant d'imaginer le type d'étude adaptée (section I); (b) l'élaboration de la méthodologie et la construction des outils nécessaires (type d'échantillonnage et techniques de recueil) avant leur mise en œuvre sur le terrain (section II); (c) l'analyse et l'exploitation des données recueillies conduisant aux recommandations (voir chapitre 5). Tous ces éléments doivent être consignés dans la *proposition d'étude* qui est un document contractuel ayant valeur de cahier des charges (section III).

Les différentes étapes de la réalisation d'une étude

La conception du projet d'étude
Phase 1 : L'identification et l'analyse du problème
Phase 2 : Le choix des moyens techniques

La réalisation du projet d'étude
Phase 3 : La mise en œuvre des outils d'investigation
Phase 4 : La construction des échantillons

L'exploitation des informations
Phase 5 : Le traitement et l'exploitation des données
Phase 6 : La formulation des conclusions et la rédaction du rapport

---

I La conception du projet : l'identification et l'analyse du problème

La conception d'une étude procède d'une démarche rigoureuse qui s'apparente à la méthodologie de résolution de problème et suit le schéma classique en trois points : analyse, diagnostic, solution ; lesquels deviennent dans ce contexte précis d'étude : identification et analyse du problème managérial, identification des informations nécessaires et identification des procédures pertinentes à mettre en œuvre.

1. Identifier et analyser le problème managérial ou décisionnel

Au-delà de la question initialement posée, il faut s'efforcer de comprendre la vraie nature du problème auquel est confronté le décisionnaire et, si possible, en apprécier les enjeux pour l'entreprise. Le plus souvent, il est relativement aisé d'identifier le problème décisionnel ; mais il se peut aussi que l'apparente évidence d'une demande dissimule un problème plus complexe qu'il faut élucider pour déboucher sur la réelle problématique à étudier.

EXEMPLE

Un fabricant de café en capsules souhaite tester plusieurs mélanges qui se différencient par leurs caractéristiques organoleptiques (dont saveur, arôme et consistance). En fait, un tel test peut recouvrir différents objectifs :

– choisir parmi les mélanges testés, celui qui satisfait au mieux les attentes d'une clientèle la plus large possible. Cet objectif vise à proposer une offre unique (stratégie d'indifférenciation) ;

– identifier sur une cible acquise à la concurrence s'il existe, parmi les mélanges testés, une offre qui se révèle mieux appréciée que la marque usuelle (stratégie concurrentielle) ;

– déterminer pour quels types de clientèle chacune des formules testées est particulièrement bien adaptée ; l'objectif est de développer une offre spécifique à chaque clientèle (segmentation) ;

– déterminer à quels contextes de consommation une clientèle destine de préférence chacun des mélanges testés, afin d'envisager une extension de gamme avec l'offre de cafés spécialisés.

Lors de la demande d'étude, les échanges et les discussions entre le commanditaire et le concepteur de l'étude sont nécessaires à la fois pour clarifier la problématique qui doit être traitée et donner une réponse technique adaptée.

En marketing, la diversité des champs décisionnels recouvre des enjeux de nature et d'importance différentes qui peuvent être rassemblés en trois groupes d'études spécifiques.

– *Les études liées à une décision marketing stratégique.* Elles concernent certains choix majeurs de l'entreprise, susceptibles d'orienter ses actions durablement, voire de manière irréversible, comme la décision de lancer un nouveau produit, de se retirer d'un marché ou d'exploiter un nouveau secteur d'activité, de choisir un type de distribution, de définir un nom de marque, etc. Compte tenu de l'importance des enjeux, les résultats de l'étude effectuée seront utilisés conjointement avec bien d'autres sources d'information (de nature économique, financière, etc.). Leur objectif est, fondamentalement, d'alimenter la réflexion sur les différentes alternatives décisionnelles qui peuvent se présenter et non de décider.

– *Les études liées à une décision tactique.* Le plus souvent de nature opérationnelle, elles concernent directement une décision relative à certains éléments du *marketing-mix* : par exemple la détermination d'un prix de vente dans un contexte concurrentiel donné, la prévision de l'efficacité d'une annonce publicitaire, la lisibilité d'un *packaging*, etc. Les conséquences liées à la décision prise sont généralement très ponctuelles et limitées à l'objet de la décision ; elles sont rarement irréversibles, surtout si l'étude a permis d'envisager plusieurs alternatives décisionnelles substituables.

– *Les études liées à une décision politique.* Elles visent deux objectifs : soit à confirmer ou conforter des décisions stratégiques ou tactiques qui ont déjà pu être prises ; soit comparer ou appuyer des décisions, voire préparer une négociation. Les informations recueillies ont alors moins une fonction technique pour nourrir la réflexion avant décision, que fournir les arguments pour convaincre du bien fondé d'une décision engagée.

Le type de décision définit la nature et l'importance des enjeux sous-jacents pour l'entreprise en regard des risques qui peuvent leur être associés. La connaissance de ces enjeux et de ces risques, parallèlement au problème à résoudre, peut avoir une incidence sur les choix techniques à faire, sur le soin apporté à leur mise en œuvre, sur les procédures de traitement de l'information et sur le niveau de précision exigible pour les informations qui seront fournies.

2. Identifier la nature des informations

Une fois la problématique identifiée, le concepteur de l'étude va expliciter les informations qui doivent être recueillies pour la traiter. C'est la nécessité d'obtenir ces informations qui va justifier, selon leur degré de disponibilité et leur nature, la réalisation d'un type d'étude particulier.

> **EXEMPLE**
>
> Un chef de produit constate une baisse du chiffre d'affaires du produit qu'il gère et s'interroge sur ce qu'il conviendrait d'entreprendre pour y remédier. Ce problème peut hypothétiquement avoir plusieurs causes : un prix inadapté, certaines actions commerciales de la concurrence, une évolution des attentes de la clientèle, etc.
>
> Selon l'hypothèse retenue, les questions d'étude et la nature des informations utiles ne seront pas les mêmes :
> – relevés de prix, attentes et satisfaction des clients en matière de prix, détermination d'un prix psychologique dans le premier cas ;
> – identification et recensement des actions de la concurrence (prix, promotion, publicité…) sur une période donnée, et mise en relation avec les ventes réalisées ;
> – analyse des attentes et des exigences de la clientèle, situation et degré d'adaptation de l'offre de l'entreprise à ces attentes ;
> – degré de connaissance qu'a la clientèle des offres concurrentielles et perception de leurs caractéristiques différentielles.

Identification du problème décisionnel et identification des informations à recueillir sont deux phases étroitement liées, difficilement dissociables, la réflexion sur la seconde pouvant d'ailleurs éclairer la première. Considérée dans cette perspective, la pratique des études s'inscrit dans une logique de vérification d'hypothèses plus ou moins explicitement formulées, où on a peu de chance de découvrir quelque chose d'important sans bien savoir ce que l'on recherche et avoir mis en place les moyens adéquats nécessaires.

3. Élaborer le protocole d'étude

Le problème posé par le décideur peut se limiter à une simple question d'étude (connaître par exemple le degré de satisfaction d'une clientèle à l'égard d'un service proposé), ou correspondre à plusieurs questions plus ou moins liées.

EXEMPLE

Un industriel a mis au point un système de clôture en grillage rigide vendu en kit et à monter soi-même.

– Il souhaite d'abord connaître l'accueil réservé à son produit, recueillir tous les avis, positifs et critiques, afin d'améliorer son offre ; il veut ensuite identifier le profil et les caractéristiques des personnes intéressées.
– Il souhaite aussi connaître le marché : la concurrence directe, les réseaux de distribution, les perspectives de développement de l'habitat individuel, etc., et estimer l'étendue de la clientèle potentielle pour prévoir à terme son volume d'activité.

La première partie de sa demande exigera une étude exploratoire (test d'accueil sur la clientèle potentielle). La seconde, plus descriptive, reposera d'abord sur une analyse documentaire pour analyser le marché, puis la réalisation d'une étude omnibus pour quantifier le potentiel de clientèle concernée.

Cet exemple montre que le problème identifié peut soulever plusieurs questions d'études. Or, pour les traiter, il se peut que ni les informations à recueillir, ni les moyens à utiliser ne soient les mêmes. Il faut donc imaginer quelles sont toutes les opérations nécessaires pour obtenir ces informations : c'est le *protocole d'étude*.

DÉFINITION

Le *protocole d'étude* est l'ensemble des opérations techniques complémentaires à mettre en œuvre, dont l'usage est justifié pour obtenir les informations nécessaires à la résolution complète du problème posé, bien qu'elles puissent ne pas avoir les mêmes objectifs ni recourir aux mêmes méthodologies.

Supposons que, dans l'exemple de la page 35, le chef de produit privilégie l'hypothèse « prix ». Le traitement de cette hypothèse impose un protocole composé de deux études complémentaires mais de nature totalement différente : d'abord faire un relevé systématique des prix de la concurrence, sur le terrain (*store checks*) ou à l'aide des panels d'acheteurs ou de distributeurs qui détiennent cette information, puis interroger des clients pour connaître leurs attentes en matière de prix, afin de déterminer les seuils d'acceptabilité (prix psychologique).

Dans ce même exemple, chacune des trois hypothèses formulées implique d'utiliser plusieurs procédures d'études qui répondent à des finalités informatives différentes : *explorer* (découvrir les attentes de la clientèle), *décrire* (identifier les stratégies des concurrents) ou *expliquer* (analyser l'évolution des ventes en fonction du prix). Ces objectifs définissent des types d'études ayant des caractéristiques propres.

■ Les études exploratoires

Une *étude exploratoire* sert à explorer ou à défricher un domaine encore peu ou mal connu, insuffisamment maîtrisé, voire à découvrir des champs totalement inconnus.

EXEMPLE

Pour la Ville de Paris, le CREDOC a conduit une étude sur la perte d'autonomie auprès des personnes âgées afin d'identifier les déterminants de la dépendance et cerner les limites du maintien à domicile. Il s'agissait aussi d'apprécier le niveau d'information et les opinions sur les services proposés par la ville. Trois types d'investigation ont été menés : des entretiens d'experts (une quinzaine) ; des entretiens en face à face avec des personnes âgées dépendantes et des aidants, au domicile ou en établissement, pour appréhender leur quotidien (une quarantaine) ; et la participation du CREDOC à un atelier Alzheimer au sein d'un centre d'accueil de jour.

L'étude exploratoire permet de découvrir ce que pense la clientèle d'un projet ou d'un produit, la manière dont elle y réagit, et les conditions d'une utilisation efficace. Elle permet aussi de formuler des hypothèses sur les raisons des enthousiasmes comme des résistances exprimées. Son objectif est d'abord de mettre en évidence puis de comprendre en profondeur une situation, un comportement, un système d'opinions, etc., qui sont encore mal connus au moment où le problème est posé.

Elle est généralement réalisée sur de petits échantillons, le plus souvent construits sans règles statistiques strictes, mais où les personnes (de quelques unités à quelques dizaines) sont sélectionnées plus en fonction de la diversité de leur profil que de leur représentativité statistique. Les données recherchées sont rarement de nature quantitative, et concernent plutôt la diversité des comportements observables ou la qualité et la richesse du contenu des opinions susceptibles d'être développées : l'observation d'un fait rare mais bien cerné prend autant de valeur, sinon plus, que l'observation d'un événement fréquent.

Les techniques d'investigation utilisées doivent donc permettre d'observer tous les faits, rares comme fréquents, d'identifier leur nature, et de les comprendre. D'où l'usage de techniques favorisant une grande proximité entre l'observateur et l'observé, à l'exemple des techniques d'entretien (*cf.* p. 72) ou des méthodes ethnographiques (*cf.* p. 47).

■ Les études descriptives

Une *étude descriptive* permet de caractériser *quantitativement* les composantes ou les caractéristiques déjà connues du secteur ou du domaine étudié : mesurer la fréquence d'un comportement ou l'intensité d'une attitude, hiérarchiser des opinions, etc. Elle permet aussi de contrôler et de vérifier des hypothèses qui ont été préalablement explicitées (à l'issue d'une étude exploratoire par exemple).

> **EXEMPLE**
>
> Pour connaître l'impact du label « Villes et villages fleuris » sur la pratique du fleurissement des ménages et la consommation de végétaux d'ornement, le groupement *Val'hor* (secteur horticole) a fait réaliser par TNS-Sofrès une étude sur le panel *Métascope*. Les achats de végétaux sont suivis sur 7 000 foyers et l'étude des pratiques en matière de jardinage (budget, motivations, perceptions du label, etc.) est affinée avec un questionnaire téléphonique administré auprès de 1 000 foyers issus du panel et représentatifs de la population. Les résultats, analysés selon la résidence ou non et la conscience d'appartenir ou non à une commune labellisée ont renseigné sur le rôle et l'effet du label dans l'activité commerciale du secteur.

L'étude descriptive permet de caractériser *quantitativement* un domaine dont les composantes ou les caractéristiques à étudier sont déjà connues. Elle permet de mesurer, de quantifier et de hiérarchiser des informations ou de contrôler et vérifier des hypothèses sur la base de variables explicitées.

L'étude descriptive est généralement conduite sur de gros échantillons, de taille statistiquement exploitable (entre la centaine et le millier), le plus souvent représentatifs de la population à étudier (toutes les études descriptives n'ont pas cette contrainte, sauf si elles visent à dégager la structure de la population étudiée ou à effectuer des prévisions d'activité).

Les techniques d'investigation utilisées doivent en conséquence permettre d'observer et de mesurer avec facilité les éléments recherchés, ou encore d'effectuer des comparaisons objectives ; d'où l'usage de techniques fortement standardisées, comme l'observation et le questionnaire fermé, pour faciliter la mesure et réduire le plus possible les risques d'erreur dus à l'interaction entre l'observateur et l'observé.

■ Les études explicatives

Une *étude explicative* a pour objectif de vérifier sur une population l'existence hypothétique ou avérée de relations préétablies entre des variables identifiées. Ces relations peuvent témoigner d'une simple simultanéité des variations entre variables (relations de concomitance) ou correspondre à de véritables relations causales au sein desquelles les modalités d'une variable dite *dépendante* varient en fonction des modalités d'une variable dite *indépendante*.

EXEMPLE

L'implication dans l'usage du parfum influence-t-il le niveau d'attention à la publicité sur les parfums ?
– le degré d'implication est la *variable indépendante* (« variable explicative », « facteur »), dont l'analyste contrôle ou manipule les valeurs ou les modalités qu'elle peut prendre pour vérifier son influence (ici, le niveau d'implication, faible ou fort) ;
– le niveau d'attention est la *variable dépendante* (« variable expliquée », « critère ») subissant les effets de la variable indépendante, dont l'analyste observe les résultats.

Ce type d'étude permet d'étudier sur une population les relations entre des ensembles de variables bien définies, par exemple des variables motivationnelles et des variables comportementales, pour savoir dans quelle mesure les premières influencent les secondes, dans quel sens et avec quelle intensité ; ou pour identifier celles dont l'influence est la plus déterminante de l'amplitude des variations observées.

La réalisation d'une étude explicative, particulièrement lorsque son objectif est de mettre en évidence l'existence de relations de causalité entre variables (l'effet du prix sur l'achat, l'influence de la pression publicitaire sur la notoriété d'une marque, etc.), implique un soin particulier dans l'établissement de son protocole autour des trois points suivants :

– le *contrôle des variables* : identifier les variables qui influencent (les variables « explicatives » : prix, pression publicitaire), celles qui subissent l'effet des précédentes (les variables « expliquées » : achat, mémorisation) et vérifier la validité de leurs mesures ; spécifier la nature des relations attendues avant même que le recueil des informations ne soit effectué (relations de nature linéaire, logistique, etc.) ;

– le *contrôle des conditions d'observation* : opérer un contrôle strict des sources de variation, à la fois dans le choix des individus ou des objets observés, et dans l'organisation le plus souvent standardisée des situations auxquelles ils seront soumis, afin de pouvoir identifier les causes du phénomène étudié ou d'en comprendre le mode d'action ;

– l'*analyse rigoureuse des informations* recueillies, à l'aide des outils statistiques adaptés à la nature quantitatives ou qualitatives des variables et à la nature des relations à dégager pour que leur validation ne soit pas impressionniste.

Les conditions de réalisation d'une étude explicative dépendent de ses objectifs. Si l'objectif n'est que de vérifier l'existence de relations supposées, il n'est pas toujours nécessaire de travailler sur de gros échantillons, ni même sur des échantillons représentatifs ; et il existe des techniques d'échantillonnage particulières (les plans d'expérience) qui permettent d'élaborer un protocole d'observation en fonction des hypothèses causales à valider. Mais si l'objectif est de valider ces relations sur une population (afin de les utiliser comme modèle pour effectuer des prévisions, comme dans un marché-test simulé), les échantillons doivent être représentatifs.

Pour mener ce type d'étude, il est recommandé d'utiliser des outils d'investigation assez fortement structurés voire standardisés, comme le questionnaire fermé ou l'observation systématisée, afin d'assurer le contrôle des conditions d'observation et garantir l'objectivité du recueil.

Cependant, si l'objectif de l'étude explicative est moins de vérifier l'existence de liens causaux que de chercher à comprendre le «pourquoi» ou le «comment» de relations bien établies, on utilise des techniques d'investigation assez peu structurées, tels que les méthodes ethnographiques ou les plus classiques entretiens, dont l'objectif n'est pas la mesure mais l'analyse approfondie de la relation qu'entretiennent des individus au phénomène étudié. Et l'exploitation des contenus recueillis doit être aussi rigoureuse que s'il s'agissait d'informations de nature quantitative, en s'appuyant sur des techniques d'analyse de contenu, ou des procédures d'analyse du discours éprouvées (*cf.* chapitre 5).

■ L'étude de motivations

Une *étude de motivations* est un protocole particulier qui associe une phase exploratoire qualitative à une phase descriptive quantitative. Son objectif est d'abord d'*identifier* les motivations et les freins à l'utilisation ou à la consommation d'une classe de produit (phase exploratoire), pour mesurer ensuite leur fréquence dans la population, les hiérarchiser et vérifier leur incidence sur les comportements (*causalité*), afin d'établir éventuellement une typologie des individus et déterminer l'intérêt économique de chacune des classes dégagées (*potentiel*).

EXEMPLE

Un industriel a construit un modèle de segmentation des ménages français sur la base des attitudes à l'égard de l'alimentation, afin d'exploiter ce marché avec des stratégies marketing différenciées adaptées à ces clientèles.

Une première phase d'étude exploratoire par entretiens a permis d'identifier sur un petit nombre de personnes les principales attitudes et les motivations et freins envers certaines pratiques culinaires, et de repérer les comportements les plus significatifs. Cette phase a permis de suggérer des hypothèses sur une éventuelle typologie des ménages.

Une seconde phase, extensive et menée par questionnaire sur 1 200 ménagères représentatives des foyers français, a pour objectif de vérifier les hypothèses formulées, de quantifier et de hiérarchiser les attitudes, d'identifier les principales structures qui lient attitudes et comportements, puis de les comparer au modèle imaginé pour construire une typologie des ménages opérationnelle.

Le tableau 2.1 complète et résume les principales caractéristiques méthodologiques de ces trois types d'études.

II La réalisation du projet : le choix des moyens techniques

Après l'identification et l'analyse du problème, il faut effectuer, pour chaque phase du protocole, tous les choix relatifs aux moyens techniques et qui constituent la *méthodologie de l'étude*. Ces choix concernent les outils de recueil, la sélection des observations et leur mode d'exploitation.

1. Le plan d'investigation

Le *plan d'investigation* correspond à la stratégie de recueil que le concepteur pense devoir mettre en œuvre pour obtenir toutes les informations nécessaires à la solution du problème posé. Il permet, en fonction de la nature connue ou supposée des informations à recueillir, de sélectionner les outils ou les techniques adaptés à leur obtention.

Pour l'essentiel, il existe trois grandes classes de techniques de recueil des informations : l'analyse documentaire, l'observation et l'enquête. L'ordre dans lequel nous les présentons n'est pas indifférent, car avant d'envisager une enquête pour créer de l'information nouvelle, il importe de vérifier dans quelle mesure l'information recherchée n'existerait pas déjà.

■ **L'étude documentaire**

DÉFINITION

L'étude documentaire (ou *desk research*) consiste à réexploiter, dans le cadre d'une problématique spécifiée, des informations créées à d'autres fins que celles qui président à l'étude visée. Elle répond à plusieurs objectifs :

– elle permet d'évaluer la spécificité du problème posé en vérifiant s'il n'a pas déjà été en partie traité, apportant ainsi de manière économique des éléments de réponse.

Tableau 2.1 – **Les caractéristiques des différents types d'études**

Types d'étude	Objectifs	Nature des Informations	Méthodologie	
			Investigation	Échantillonnage
Études exploratoires	• Explorer, découvrir, ou défricher un domaine mal connu • Suggérer des hypothèses	Plutôt qualitative	• Analyse documentaire • Observation • Techniques d'investigation peu structurées (entretiens, créativité…)	Plutôt petits échantillons représentatifs ou non, permettant l'observation d'événements rares
Études descriptives	• Caractériser quantitativement une population • Mesurer la fréquence ou l'intensité d'un phénomène (fait, comportement, opinion…) • Estimer une caractéristique	Quantitative	• Techniques d'investigation structurées voire standardisées (questionnaire)	Échantillons de taille statistiquement significative, généralement représentatifs de la population
Études explicatives	• Tester des hypothèses explicitement formulées • Étudier des relations entre variables (concomitance ou causalité)	Quantitative, le plus souvent, parfois qualitative	• Techniques d'investigation structurées et standardisées (questionnaire) • Plus exceptionnellement : techniques peu structurées (entretien)	Échantillons classiques, représentatifs ou non selon les objectifs visés ; Plans d'expérience

> **EXEMPLE**
>
> Pour évaluer le potentiel que présente le marché de la formation continue dans une région, une entreprise de formation a pu utiliser des informations (initialement destinées aux décideurs politiques et économiques) concernant le tissu industriel local, l'évolution de l'activité des secteurs économiques, l'évolution des besoins en matière de qualification professionnelle, les orientations du plan national et du plan régional, et toutes les statistiques concernant la Formation professionnelle. Toutes ces informations étaient disponibles, selon leur origine, dans des publications officielles (Insee, conseil régional, CCI…) ou auprès d'organismes spécialisés (Pôle Emploi, CEREQ, APEC…).

– effectuée à titre exploratoire, elle peut être nécessaire à la conception d'une étude pour améliorer la connaissance et la maîtrise du domaine à étudier et contribuer ainsi à l'acculturation du concepteur : connaissance du marché, de ses acteurs, des marques et des produits et de leurs rapports de force. Ainsi, l'analyse documentaire peut être un substitut à l'absence de tout diagnostic disponible.

– elle permet enfin de bénéficier de l'expérience acquise : suggestion d'hypothèses de travail, préparation des phases techniques d'une enquête, identification de procédures et d'outils déjà validés sur le plan méthodologique ou bien adaptés au contexte étudié.

■ L'observation

> **DÉFINITION**
>
> Méthode d'investigation qui permet de savoir comment un individu se comporte réellement dans une situation donnée en regardant selon un protocole défini ce qu'il fait, plutôt qu'en lui posant des questions sur ce qu'il est en train ou a l'habitude de faire. L'observation peut être directe ou instrumentalisée.

L'observation permet d'analyser des conduites et de dresser un constat sur des pratiques comportementales, soit dans un objectif de découverte, soit, le plus souvent, dans une perspective descriptive, pour inventorier et décrire des comportements, analyser leur fréquence ou étudier leur concomitance ; voire vérifier le déclaratif.

> **EXEMPLE**
>
> Une marque d'aliments surgelés a filmé durant une semaine les repas quotidiens d'une dizaine de familles pour vérifier si ce qu'elles déclarent faire

(enquête) est bien ce qu'elles font (observation). Il apparaît que le modèle déclaré du repas équilibré (le rêve) est contredit par les comportements observés (la réalité) : un ou deux plats au lieu des «entrée-plat-dessert» idéaux ; l'usage habituel du four à micro-ondes (observé) au lieu du four classique (déclaré). Ce qui a conduit l'entreprise, par exemple, à remplacer l'aluminium de ses barquettes par une matière micro-ondable pour être en phase avec les pratiques.

Bien que d'usage limité, l'observation reste une technique d'investigation performante dans nombre de situations :

– pour recenser et observer les comportements apparaissant dans une situation (préhension d'un nouveau produit) ;

– pour étudier la dynamique d'un comportement (séquence comportementale en magasin lors de l'achat d'un produit) ;

– pour percevoir l'existence d'états émotionnels liés à une situation (rire ou ennui devant une séquence publicitaire) ;

– pour analyser l'influence des éléments d'un environnement sur le comportement (l'influence de la musique d'ambiance sur la durée de passage en magasin) ;

– comme substitut à la verbalisation, pour éviter les rationalisations qu'un individu pourrait faire *a posteriori* si on lui demandait « comment il s'y prend pour… ? », ou pour réduire les risques de subjectivité du mode déclaratif (défaut de mémoire, erreur d'attribution, fausse déclaration…) ;

– comme substitut à la verbalisation chaque fois qu'elle est difficile (auprès de jeunes enfants), voire impossible (animaux), particulièrement lorsqu'il s'agit d'apprécier objectivement leur niveau de contentement.

L'observation peut être *directe*. Elle est conduite par des enquêteurs qui opèrent sur le terrain (à l'intérieur d'un magasin par exemple) en transcrivant sur une grille ce qu'ils voient, et en respectant un certain nombre de règles prédéfinies constituant le «protocole d'observation» qui concernent les modalités pratiques de réalisation (lieu, durée, contexte, type de personnes…).

Pour assurer l'objectivité des relevés effectués, l'observation est normalement conduite avec une *grille* précodifiée, préalablement testée, contenant la nature des comportements à observer (par exemple dans un magasin : prise en main, lecture de l'étiquette, remise en rayon...) et la qualité de ces comportements (répétition, durée, hésitation, etc.). Si l'observation porte sur un champ délimité (par exemple, le linéaire des aliments pour bébé), les comportements sont enregistrés (vidéo), puis dépouillés ultérieurement à l'aide du même type de grille (on parle d'observation *médiatisée*).

L'observation peut aussi être *instrumentalisée*. L'information recherchée est obtenue grâce à un appareil, par enregistrement direct de la mesure, avec son traitement immédiat :

– un audimètre à bouton poussoir pour mesurer le niveau d'audience de la télévision chez un individu ;

– une caisse avec scanner pour connaître avec précision les achats d'une personne nominativement identifiable ;

– des tests psychotechniques pour mesurer une habilité mentale ou comportementale, des traits de personnalité ;

– des appareils pour mesurer chez l'individu ses manifestations émotionnelles, sur le plan physique (rire, peur...) ou physiologique (sudation, rythme cardiaque, etc.), voire psychologique pour apprécier ses états émotionnels, son humeur (tests projectifs) et, plus rarement, neurologique pour identifier les zones corticales activées sous l'effet de stimuli commerciaux (publicité, packaging) et obtenir une meilleure prédiction du comportement à venir. Cette dernière pratique, encore marginale et qui emprunte aux neurosciences, soulève quelques problèmes éthiques de même que toute observation des individus faite à leur insu.

Si l'observation permet de constater, elle ne permet cependant pas de comprendre les raisons ou les motivations du comportement observé : l'analyste ne peut dépasser le stade des faits. Or, dans certains cas, cette compréhension est nécessaire pour tirer les conséquences opérationnelles ou décisionnelles de l'étude. C'est la raison pour laquelle une phase d'enquête est souvent associée à une phase d'observation : la séquence comportementale est d'abord enregistrée, pour être ensuite diffusée devant l'individu observé afin qu'il commente ses actes et en donne les justifications. Ce type de protocole est utilisé par exemple pour contrôler des actions de *merchandising*.

L'observation ethnographique peut être une réponse partielle à la limite évoquée. L'ethnographie, qui emprunte sa démarche à l'ethnologie et l'anthropologie (et implique l'immersion de l'observateur au sein du groupe étudié), combine l'usage de divers outils : l'observation participante (souvent avec filmage), l'introspection et les récits de vie, l'écriture de journaux de bord ou l'exploitation de matériaux divers (photographies, collections, publicités, etc.). Ce type d'approche permet de dépasser le stade du seul déclaratif pour décrypter et comprendre les comportements sociaux ou les dimensions culturelles et symboliques d'un groupe de consommateurs.

EXEMPLE

Pour analyser sur les adolescents l'influence de leurs séries télévisées fétiches, des jeunes ont été étudiés au sein de leur famille grâce à des observations participantes, l'analyse des courriers ou mails échangés entre *fans* et un questionnaire administré auprès d'un échantillon de collégiens et lycéens.

D'une mise en œuvre plus aisée, la *netnographie* (et la *twetnographie*) applique les mêmes principes pour étudier les échanges entre les membres d'une communauté virtuelle sur Internet autour d'une marque, d'un réseau de consommation, d'habitudes comportementales, etc. Après avoir identifié les sites pertinents, l'observateur participe sur une assez longue période (jusqu'à saturation de l'information) aux échanges dans les forums, chats, blogs, etc. et collecte les informations les plus pertinentes, exploitées ensuite avec les logiciels d'analyse de contenu. Différentes marques (Nivea, Adidas,...) ont utilisé cette technique pour améliorer leur offre, voire initier de nouvelles offres grâce au repérage des idées échangées entre internautes.

■ **L'enquête**

DÉFINITION

Méthode d'investigation basée sur le mode déclaratif, elle consiste à recueillir l'information recherchée en interrogeant et en écoutant un ensemble d'individus sur leurs comportements, leurs opinions ou leurs valeurs.

L'enquête s'impose chaque fois que l'information recherchée est inaccessible sans le concours des personnes interrogées. Ce sont des informations liées à la personnalité (connaissances, attitudes, opinions, motivations, freins, attentes, systèmes de valeurs, etc.) ou à des comportements relevant de la sphère privée. L'accumulation des informations individuelles renseigne sur la population étudiée.

EXEMPLES

– Tel fabricant de machines-outils veut vérifier si les contraintes d'usage imposées par sa nouvelle machine numérique liées aux compétences du personnel et aux exigences de sécurité sont bien comprises et acceptées par ses clients (test d'accueil) ;
– telle chaîne hôtelière souhaite connaître le niveau de satisfaction de sa clientèle, identifier les causes d'insatisfaction et profiter de ces remarques pour améliorer ses services (étude de satisfaction) ;
– telle agence de publicité souhaite savoir ce que le public comprend de l'annonce créée, s'il en apprécie l'humour, si le message est crédible (prétest publicitaire) ; etc.

Les techniques d'enquête sont aussi utilisées à la place de l'observation pour demander directement à l'individu d'indiquer ce qu'il a l'habitude de faire, ou pour décrire comment il s'y prend pour manipuler un objet par exemple (mais sans le mettre en situation de faire). Quand le mode déclaratif ne présente pas trop de risques de fausse déclaration, son usage est préféré à l'observation car il est plus facile et plus économique à mettre en œuvre.

Il existe deux grandes classes de techniques d'enquête : l'*entretien* (individuel ou de groupe) et le *questionnaire* (ouvert ou fermé) : elles ont leurs particularités, au point qu'on ne peut ni les confondre, ni les utiliser les unes à la place des autres. L'importance de leur utilisation conduit à leur consacrer un chapitre spécifique (chapitre 4).

2. Le plan d'échantillonnage

Le *plan d'échantillonnage* correspond à la stratégie que le concepteur de l'étude met en œuvre pour sélectionner les individus ou les objets à étudier, dans le respect d'un certain nombre de règles afin que les résultats observés soient valides et puissent être, si nécessaire, extrapolables et généralisables à toute la population.

L'élaboration du plan d'échantillonnage (dont les techniques sont détaillées dans le chapitre 3) consiste :

– à définir la population de référence que l'objet de l'étude impose d'analyser (par exemple, l'ensemble de tous les clients d'une agence bancaire y possédant un compte ; tous les hypermarchés d'une taille supérieure à 2 500 m^2) ;

– à déterminer la taille de l'échantillon, c'est-à-dire fixer le nombre de personnes à sélectionner ou le nombre d'observations à effectuer, ce nombre ayant une incidence sur le degré de précision des résultats obtenus ;

– à préciser les procédures – probabilistes ou empiriques – et les techniques qui seront concrètement utilisées pour sélectionner les éléments qui composeront l'échantillon afin qu'il puisse être représentatif de la population étudiée si les objectifs de l'étude l'exigent.

3. Le plan de traitement

Le *plan de traitement* consiste à définir, en fonction des objectifs de l'étude, la stratégie ou la logique avec laquelle l'ensemble des informations qui seront recueillies sera exploité, et à proposer les outils d'analyse adaptés, qualitatifs (techniques d'analyse de contenu) et quantitatifs (modèles de traitement statistiques) qui permettront d'exploiter toutes les données de manière efficace et pertinente.

Le plan de traitement est donc conçu dans ses grandes lignes *avant* que les données n'aient été recueillies parce qu'il y a de fortes interactions entre les objectifs de l'étude, les données à exploiter et les traitements à effectuer.

En effet, les objectifs de l'étude déterminent la nature des informations qui doivent être recueillies et orientent le type de traitements nécessaires pour résoudre le problème posé : ils permettent donc d'identifier les outils d'analyse pertinents. Mais ces outils, particulièrement les outils statistiques, en imposant des contraintes sur la forme (métrique ou non) des données à traiter, déterminent pour partie la forme que les informations doivent avoir pour être exploitables.

Le choix des outils pour le traitement statistique pouvant donc influencer la forme des informations à recueillir, il importe que le traitement des données ait été pensé avant de commencer le recueil.

III La proposition d'étude ou cahier des charges

C'est un document qui reprend les deux grandes parties que nous venons d'exposer : d'abord la problématique, puis la méthodologie. Le concepteur y expose sa compréhension du problème posé et justifie l'ensemble des moyens qu'il propose de mettre en œuvre. Ces deux parties fondamentales sont complétées d'une troisième, non moins importante, qui définit les conditions de réalisation de l'étude envisagée. Le tableau 2.2 en décrit le contenu.

Signé à la fois par le commanditaire qui entérine ainsi la proposition, et par le prestataire qui l'accepte alors comme cahier des charges, ce document a valeur de contrat : il engage les deux parties qui en acceptent les termes et les conditions. Il garantit aussi leurs intérêts propres et sert à prévenir lors de la remise des résultats, un éventuel différend sur la pertinence de l'étude conduite.

La proposition d'étude a une triple fonction : technique, commerciale et juridique :

– dans sa *fonction technique*, elle explicite le contexte de la demande d'étude, ainsi que la nature de la prestation et les moyens nécessaires à sa mise en œuvre ;

– dans sa *fonction commerciale*, en présentant de manière détaillée les différentes phases de l'étude et l'ensemble des procédures utilisées, elle constitue une base objective pour une négociation d'ordre technique ou budgétaire ;

– dans sa fonction *juridique*, elle précise les obligations de chacun, financière pour le commanditaire et technique pour le prestataire (dont une obligation de moyens, mais non de résultat), et définit de manière formelle les termes du contrat passé.

L'existence d'un tel document objective et facilite la qualité des échanges entre le commanditaire et le prestataire. De ce fait, il limite le risque de réaliser une étude qui réponde peu ou mal aux besoins du décideur.

Le *rapport d'étude* remis au terme du travail reprend la structure du projet : (a) rappel du contexte décisionnel et des objectifs ; (b) synthèse des résultats ; (c) présentation de la méthodologie ; (d) analyse détaillée des résultats; (e) conclusions; (f) dossier d'annexes lié aux méthodes (grille d'observation, guide d'entretien, questionnaire) et aux résultats (détail des tableaux statistiques).

Tableau 2.2 – **Structure du projet d'étude et structure du rapport d'étude**

Structure d'un projet d'étude	Structure d'un rapport d'étude
• **Partie 1 : problématique de l'étude** 1. Présentation du contexte de l'étude 2. Rappel des enjeux décisionnels et des hypothèses de travail 3. Enumération des informations à recueillir	• Rappels sur le contexte et les objectifs de l'étude • Synthèse des résultats
• **Partie 2 : Méthodologie** *A – Conception d'un protocole d'étude global et description des objectifs des différentes phases*	• Présentation détaillée de la méthodologie
B – Les moyens mis en œuvre pour chaque phase du protocole : – Plan d'échantillonnage : méthode, effectifs – Plan d'investigation : outils adaptés au recueil – Plan de traitement : outils d'analyse statistique	• Présentation et analyse détaillée des résultats • Conclusions
• **Partie 3 : Conditions de réalisation** *A – Modalités d'exécution :* – qualification des personnels utilisés – acquisitions de matériels particuliers – éventuelle sous-traitance – délais d'exécution et de remise des résultats *B – Conditions budgétaires :* – budget prévu par phase d'étude – conditions et modalités de paiement	• Dossier d'annexes : – annexes méthodologiques (grille d'observation, guide d'entretien, questionnaire, modèles utilisés) – tableaux de résultats détaillés

Une fois le projet signé par les deux parties, le prestataire peut s'atteler aux tâches techniques et réaliser l'enquête sur le terrain.

CHAPITRE 3
La construction des échantillons

Enquêter l'ensemble des éléments qui composent la population étudiée – principe du recensement – serait l'idéal. Mais cela n'est réalisable que sur des populations de taille très réduite. Aussi, pour des raisons d'ordre économique et pratique, il faudra se contenter le plus souvent de n'interroger qu'une petite fraction – un échantillon – de la population quand sa taille est importante.

> **DÉFINITION**
>
> Un échantillon est un sous-ensemble d'éléments (individus, objets ou situations) extraits d'une population de référence qu'ils sont censés représenter. L'*échantillonnage* – nom de cette opération de sélection – permet de décrire l'ensemble de la population étudiée à partir des seuls éléments sélectionnés.

On perçoit aisément les risques d'une telle démarche, susceptible d'entraîner des généralisations abusives si elle n'est pas bien contrôlée : le fait de s'appuyer sur un échantillon pour se représenter l'ensemble de la population peut être à l'origine d'erreurs de jugement quelquefois sévères, appelées *biais d'échantillonnage.*

Ces risques peuvent être limités en respectant un certain nombre de règles qui permettent de choisir dans la population les éléments à étudier qui la représenteront (section I). Par ailleurs, la taille de l'échantillon à extraire dépend du niveau de précision voulu pour les résultats à obtenir (section II).

Il y a deux manières de réaliser cette sélection : soit par *échantillonnage fixe* : la taille de l'échantillon est fixée une fois pour toute avant le début de l'enquête (en se fondant sur la statistique classique) ; soit par *échantillonnage séquentiel* : la taille de l'échantillon est modulée au fur et à mesure que progresse l'enquête en fonction de la possibilité ou non de pouvoir prendre une décision au moindre coût (la méthode repose sur la statistique bayésienne). Le format de cet ouvrage contraint de se limiter aux principes de l'échantillonnage fixe, lequel reste la méthode la plus utilisée dans les études pour des raisons pratiques (budget connu dès le départ) et techniques (délais prévisibles et calculs simplifiés).

Les méthodes d'échantillonnage

Il existe deux groupes de méthodes d'échantillonnage – les *méthodes probabilistes* et les *méthodes empiriques* – dont les conditions de mise en œuvre et d'utilisation ne sont pas les mêmes.

1. La méthode probabiliste

La méthode probabiliste s'appuie sur la théorie statistique. Son principe repose sur la réalisation d'un tirage au sort des *unités de sondage* – individus, objets, situations – qui vont constituer l'échantillon. Tous les éléments qui composent la population ont tous une certaine chance – une probabilité – d'être « tirés », c'est-à-dire d'être choisis. Cette probabilité est identique pour tous les éléments de la population dans le cadre d'un *échantillonnage aléatoire simple* qui est le prototype de la méthode.

L'échantillonnage probabiliste s'appuie sur le hasard tel qu'il est défini par la théorie statistique : pour une population de taille N, tous les échantillons d'effectifs n sont accessibles avec une même probabilité. Le rapport n/N définit l'échelle de l'échantillon, encore appelée *taux de sondage*. Seule l'application stricte de la méthode est garante de la représentativité de l'échantillon ; le taux de sondage n'intervient que dans le niveau de précision des résultats observés.

■ **Principe général de la méthode**

La mise en œuvre de cette procédure implique de disposer d'une *base* ou *liste de sondage*, qu'il n'est d'ailleurs pas toujours facile de construire.

DÉFINITION

La base de sondage est un document qui énumère l'ensemble des « unités de sondage », soit les éléments qui composent la population qui a été définie et sur laquelle repose le tirage effectué. Il s'agit d'un fichier d'adresses qu'il convient de constituer.

Un constructeur automobile envisage de réaliser une enquête auprès des automobilistes possesseurs d'un véhicule à motorisation hybride quelle que soit la marque. La liste de sondage sera établie à partir du fichier des immatriculations.

Un fabricant de machines agricoles souhaite connaître le type et la fréquence des pannes sur un modèle de presse rotative ; la population de référence est constituée des concessionnaires et revendeurs de la marque assurant le service après-vente, dont il convient d'établir la liste pour constituer la base de sondage.

La construction d'un échantillon probabiliste s'opère en plusieurs étapes :

– construire la base de sondage en établissant la liste des «individus» composant la population étudiée, de taille N ;

– numéroter, sans omission ni répétition, tous les «individus» de la population de 1 à N ;

– déterminer la taille de l'échantillon, c'est-à-dire le nombre n d'éléments devant le composer ;

– procéder au tirage de n éléments compris entre 1 et N, en utilisant des techniques de génération aléatoire de nombres (soit une table de nombres au hasard ; soit un logiciel de génération automatique de nombres aléatoires).

EXEMPLE

Une société régionale spécialisée dans l'affacturage envisage d'étendre son activité aux petites et moyennes entreprises des secteurs secondaires et tertiaires. Pour en décider, elle souhaite étudier le marché pour apprécier la nature des besoins de ces PME et identifier les difficultés qu'elles rencontrent dans le recouvrement des impayés, et pour évaluer le potentiel de ce marché. La population de référence est celle des petites et moyennes entreprises de la région définie.

– *Établissement de la base de sondage.* En exploitant et recoupant les différents fichiers d'entreprises (Insee, CCI, annuaires professionnels, etc.), on identifie l'ensemble des entreprises de 10 à 500 salariés pour construire la base de sondage. La région concernée comprend 3 400 de ces entreprises, classées tous secteurs et tailles confondus par ordre alphabétique, puis numérotées de 1 à 3 400 ; cette liste constitue la base de sondage.

– *Constitution de l'échantillon.* La taille de l'échantillon étant fixée à 170 entreprises (échelle ou *taux de sondage* : 1/20° —> 3 400 * 0,05 = 170), on procède au tirage de manière aléatoire de 170 nombres compris entre 1 et 3 400. Chacun des 170 nombres tirés correspond à une entreprise dont l'ensemble constitue l'échantillon. Seules ces 170 entreprises seront enquêtées, à l'exclusion de toute autre.

La méthode probabiliste présente un certain nombre d'avantages et d'inconvénients résumés dans le tableau 3.1. Son principal avantage est de permettre la description d'une population sur un certain nombre de critères dont la distribution est *a priori* inconnue. Elle permet aussi d'extrapoler sur la population les résultats observés sur l'échantillon en fournissant une information sur leur précision (par calcul des intervalles de confiance).

Sa principale limite est liée à la difficulté d'établir une liste de sondage exhaustive en l'absence de laquelle la méthode décrite n'est pas applicable. Par ailleurs, lorsque la population étudiée est particulièrement hétérogène, la réalisation d'un sondage aléatoire simple ne donne plus satisfaction. Il faut alors utiliser des techniques particulières pour pallier ces difficultés.

■ **Les techniques pour remédier à l'absence de base de sondage**

– Le *sondage aréolaire* consiste à choisir aléatoirement des unités de surface géographique (un canton, une commune, une parcelle cadastrale, un îlot ou un quartier dans une ville) à partir d'un découpage préalablement effectué. Toutes les unités ainsi déterminées sont numérotées, et constituent une base de sondage primaire au sein de laquelle un tirage aléatoire classique sera effectué. Tous les éléments appartenant à chaque unité sélectionnée vont constituer l'échantillon. Cette méthode est particulièrement adaptée pour étudier, par exemple, la distribution de produits (friandises, bimbeloterie, etc.) effectuée par de petits détaillants pour lesquels on dispose rarement d'une liste de sondage fiable.

– Le *sondage par grappes* (dont le sondage aréolaire n'est qu'un cas particulier) permet de limiter la dispersion géographique des points d'enquête ; il réduit ainsi les coûts liés au temps de recherche et de déplacement. Le tirage s'effectue non sur des individus isolés, mais sur des ensembles d'individus appelés « grappes » : un foyer définit une grappe d'individus, un immeuble une grappe de logements, etc.

Tableau 3.1 – **Avantages et inconvénients de l'échantillonnage probabiliste**

Avantages	Inconvénients
• Méthode à utiliser quand la structure de la population est inconnue • Permet d'étudier une population sans devoir connaître *a priori* certains de ses caractères • Permet d'extrapoler à la population les résultats observés sur l'échantillon • Permet l'estimation statistique des marges d'erreur autour des valeurs observées • Évite l'arbitraire dans le choix des éléments devant constituer l'échantillon, chacun ayant la même probabilité connue et non nulle d'être choisi • Élimine les biais dus aux enquêteurs dans le choix des individus à enquêter • Méthode économique lorsqu'on dispose d'un fichier valide • Facilite sur le terrain le contrôle des enquêteurs du fait du caractère nominal des personnes à interroger	• Suppose de disposer d'une base de sondage, exhaustive et précise • Perte d'efficacité en cas de fort taux de non-réponse, l'échantillon qui en résulte n'étant plus probabiliste • Difficultés possibles pour construire la liste de sondage, et identifier les unités à enquêter • Coûts liés à l'élaboration de la liste de sondage • Coûts importants générés lors de l'enquête : l'individu sélectionné ne pouvant être remplacé par aucun autre, cela peut impliquer de nombreux déplacements pour enquêter une seule personne • Tirage qui peut engendrer une assez grande dispersion géographique rendant la pratique à domicile d'un tel sondage très onéreuse

La constitution de la base de sondage se trouve simplifiée, mais elle implique de connaître la structure du lieu d'enquête et de procéder au découpage par grappes de manière rationnelle. L'ensemble des grappes établies constitue la base de sondage sur laquelle sera effectué le tirage aléatoire classique ; tous les éléments (les « grains ») appartenant à chaque grappe sélectionnée au terme de ce tirage constituent l'échantillon à enquêter.

Le principal risque de cette technique (« effet de grappe ») est lié au fait que les éléments appartenant à une même grappe peuvent avoir tendance à se ressembler sur les critères étudiés (par exemple, une grappe de foyers issus d'un immeuble situé dans une zone urbaine dont la structure sociale est très homogène).

– La technique du *sondage à plusieurs degrés* permet de résoudre le problème des ressemblances. La méthode reprend le principe du sondage par grappes, mais en mettant en œuvre plusieurs niveaux – plusieurs *degrés* – dans la sélection des éléments à enquêter.

Par exemple, la sélection aléatoire va commencer au niveau du département (1er degré), puis du canton (2e degré), puis de la commune (3e degré), puis de l'îlot (4e degré). La liste de sondage nominative des personnes à enquêter sera constituée sur ce dernier degré

EXEMPLE

La SNCF veut évaluer la satisfaction de sa clientèle envers les services proposés en gare et dans les trains sur les relations intégralement interrégionales (sans rupture de charge). La population des voyageurs étant inconnue, elle procède sur une période de 8 semaines à un sondage à plusieurs degrés par tirages aléatoires successifs : sélection aléatoire de 10 dates (1er degré), puis de 5 rames par date sur la base du n° de circulation (2e degré), puis d'un n° de voiture par rame retenue (3e degré) et, au sein de chaque voiture, tirage de 10 sièges ; l'échantillon aléatoire est constitué des personnes occupant ces sièges, soit au maximum 10*5*10 = 500 personnes.

– L'*access-panel* (ou «échantillon ouvert») est une version contemporaine de l'*échantillon-maitre* utilisé pour réduire les coûts et délais d'élaboration d'une liste de sondage. Cela consistait à construire (sur la base d'un sondage à plusieurs degrés) une très large base permanente dans laquelle on puisait selon les méthodes aléatoires (échantillon probabiliste) ou empiriques (échantillon sur quotas) des échantillons représentatifs. Aujourd'hui, les grands instituts disposent d'échantillons permanents composés de plusieurs dizaines de milliers de foyers et d'individus au niveau d'un pays, voire plusieurs millions au niveau européen, recrutés lors d'études de cadrage fondées sur les statistiques nationales. Cela permet de sélectionner les seules personnes à enquêter en fonction de leurs caractéristiques recherchées sans avoir à les recruter sur le terrain.

■ **Les techniques d'échantillonnage en cas de population hétérogène**

– Le *sondage stratifié* permet de compenser les difficultés liées au caractère hétérogène de la population sur les caractéristiques à étudier. Au moindre coût avec le strict minimum d'observations nécessaires, il permet d'estimer la valeur des variables étudiées avec l'erreur la plus faible possible.

Le principe d'un sondage stratifié consiste à **répartir les éléments constituant une population hétérogène en plusieurs «*strates*»**, c'est-à-dire en **plusieurs groupes les plus homogènes** possibles et mutuellement exclusifs. Ces groupes sont construits à partir d'un ou plusieurs caractères décrivant les unités de sondage, appelés variables de stratification.

> **EXEMPLE**
>
> La Sécurité routière réalise une étude pour connaître l'appréciation des automobilistes sur les risques liés à la vitesse. Or les opinions divergent selon la puissance du véhicule possédé et la distribution des cylindrées n'est pas homogène dans la population, les plus grosses étant aussi les moins nombreuses. Pour avoir une vision objective de l'opinion des conducteurs, l'échantillon doit intégrer cette disparité. La base de sondage est donc divisée en plusieurs strates correspondant chacune aux classes de cylindrées définies à partir de la puissance fiscale. La sélection des conducteurs est faite sur chaque strate indépendamment des autres strates. L'effectif, qui peut être différent entre les strates, dépend de la méthode utilisée.

Dans un *échantillonnage stratifié proportionnel*, chaque strate donne lieu à un tirage aléatoire simple dont l'effectif est proportionnel à sa taille dans la population.

Dans un *échantillonnage stratifié non proportionnel*, on souhaite obtenir une information aussi précise sur une strate de petite taille que de grande taille. On applique, sur chacune des strates retenues, un taux de sondage différent en fonction de la taille de chaque groupe dans la population et en fonction de la variabilité ou de la dispersion du critère de stratification, de façon à *surreprésenter* les segments où la variabilité est la plus forte, et à *sous-représenter* les segments où elle est la plus faible.

L'absence d'informations sur cette variabilité peut conduire à fixer un effectif unique sur toutes les strates pour sur-représenter les segments les plus petits jugés «intéressants» à étudier (par exemple le segment des grosses cylindrées) et pour sous-représenter les plus volumineux (celui des 6-8 CV). Cette pratique permet d'augmenter la précision des résultats des groupes de petite taille.

Pour estimer la valeur des paramètres qui font l'objet de l'étude sur l'ensemble de la population, toutes strates confondues, il faudra pondérer ces strates en proportion inverse à leur taux de sondage effectif, pour restituer le poids réel qu'elles occupent dans la population. Cette opération est nommée *redressement* de l'échantillon.

2. La méthode empirique

Il faut distinguer dans les techniques d'échantillonnage empirique entre celles qui ont le souci d'élaborer un échantillon représentatif de la population de référence et celles qui ne l'ont pas. Il faut aussi préciser que toutes les études réalisées, à l'exemple des études exploratoires, n'exigent pas de travailler sur des échantillons représentatifs de la population. Ce sont les objectifs de l'étude qui définissent la nécessité d'utiliser ou non un échantillon représentatif.

■ Les techniques d'échantillonnage non représentatif de la population

– L'*échantillon de convenance* est composé d'éléments obtenus sans volonté de constituer un échantillon qui soit représentatif de la population d'enquête, mais utilisant toute personne acceptant de participer à l'étude.

EXEMPLE

Un magazine souhaite connaître le profil de ses abonnés et identifier les thèmes d'articles qui ont plu ou non. À cette fin, il insère un questionnaire avec enveloppe réponse dans le routage destiné à ses seuls abonnés. L'échantillon constitué des seuls lecteurs qui ont bien voulu répondre ne peut prétendre être représentatif de tout le lectorat ni même des seuls abonnés (probabilités inégales).

– L'*échantillon ciblé* est particulièrement opérationnel et économique pour étudier une population bien précise : les enquêtés sont « recrutés » en des lieux où la probabilité de les rencontrer est forte, compte tenu du thème de l'étude, par exemple en sortie de caisses des hypermarchés, à proximité de lieux publics, etc. Pour cette technique, on parle aussi d'*échantillonnage à la place*.

EXEMPLE

On souhaite étudier les stratégies de jeu des joueurs du Loto. Ces personnes peuvent être contactées à la sortie des lieux de validation de leur ticket : une simple question filtre permet de vérifier leur appartenance à la population concernée.

– *L'échantillon « boule de neige »* est de même nature que l'échantillon ciblé. Il consiste à demander à une personne interrogée de fournir les références de personnes répondant aux mêmes critères de sélection afin de les enquêter. Cette technique est parfois utilisée dans les études industrielles, ou pour étudier des populations particulières.

EXEMPLE

Un placier gérant plusieurs marchés parisiens réalise une étude auprès des marchands non sédentaires pour connaître leur satisfaction et leurs besoins en matière de services. Les enquêteurs chargés de l'étude ne sont acceptés par ces commerçants qu'avec l'appui du réseau relationnel propre à ce milieu professionnel.

■ **Une technique d'échantillonnage représentatif de la population**

– La *méthode des quotas* est la technique utilisée pour construire empiriquement des échantillons représentatifs.

Le principe consiste à rechercher, dans la population, les éléments qui vont constituer l'échantillon, en se basant sur un certain nombre de critères descriptifs, afin que cet échantillon ait sur ces critères la même structure que la population : c'est ce qui définit sa représentativité. Elle ne dépend donc pas d'une référence à la théorie statistique, mais de la capacité à déterminer les critères et à trouver les individus concernés. C'est pourquoi cette technique est aussi appelée « échantillonnage par choix raisonné » ou « échantillonnage volontariste ».

Le choix des éléments composant l'échantillon repose sur la combinaison d'une sélection de ces critères qui constitue la base des quotas.

DÉFINITION :

Les quotas correspondent à la proportion d'individus qui partagent un même ensemble de caractéristiques. La structure de l'échantillon sélectionné devra respecter ces proportions (quotas) pour qu'il représente fidèlement la population de référence.

La construction d'un échantillon selon la méthode des quotas s'opère en plusieurs étapes :

– définir la population de référence et déterminer, par rapport à l'objet de l'enquête, les critères pertinents descriptifs de cette population ;

– puis construire la structure descriptive de référence qui constituera la base des quotas ;

– définir la taille de l'échantillon et déterminer le plan de sondage, c'est-à-dire préciser pour chaque combinaison de critères la proportion d'observations à effectuer (les quotas) ;

– sélectionner directement sur le terrain les observations à effectuer (par questions de filtrage) ;

– vérifier après enquête que la structure des éléments sélectionnés qui composent l'échantillon est bien conforme à la structure de la population (respect rigoureux des quotas).

EXEMPLE

Reprenons l'exemple utilisé pour présenter la méthode probabiliste. La population de référence reste la même : celle des 3 400 entreprises de 10 à 500 salariés sur la région concernée, et la taille de l'échantillon identique : 170 entreprises.

– *Détermination des critères pertinents.* L'expérience de la société d'affacturage donne à penser que trois critères sont pertinents pour l'analyse : le secteur d'activité, le chiffre d'affaires et le nombre de salariés (*cf. colonnes* a). La population étudiée s'y distribue de la manière suivante (en pourcentage, *cf. colonnes* b) :

Secteur	Population (%)	Échantillon (n) 170	Chiffre d'affaires (millions d'euros) (a)	Population (%) (b)	Échantillon (n) 170 (c)	Nombre de salariés (en unités) (a)	Population (%) (b)	Échantillon (n) 170 (c)
Électro-mécanique	33	56	1-3	20	34	10-50	7	12
Textile	20	34	3-8	27	46	50-100	33	56
Agro-alimentaire	27	46	8-30	40	68	100-200	40	68
Électronique	20	34	plus de 30	13	22	200-500	20	34

– *Détermination du plan de sondage*. Les 170 entreprises sont réparties selon la base des quotas fixés (*cf.* effectifs des *colonnes* c), à l'image de la structure de la population identifiée. Chaque enquêteur devra prendre contact avec une quelconque des entreprises de la région ayant une triple caractéristique selon un plan de charge qui lui est préalablement défini ; par exemple, pour un enquêteur donné : 10 contacts à effectuer, répartis entre *Électromécanique* : 4, et *Électronique* : 6, en respectant exactement la répartition suivante :

Secteur	Nombre de salariés	Chiffre d'affaires			Total
		3-8 M€	8-30 M€	+ de 30 M€	
Électromécanique	10-50	2			2
	50-100		2		2
	100-200				
Électronique	10-50	1	1	1	3
	50-100				
	100-200	1	1	1	3

Après enquête, en cumulant les entreprises, on vérifie que le plan de sondage est bien conforme à la structure de la population initiale.

L'échantillonnage par quotas implique de disposer d'une description de la population sur un certain nombre de critères qui soient pertinents par rapport au champ de l'étude. La méthode repose aussi sur le postulat (pas toujours fondé) qu'il existe une liaison significative entre l'objet de l'étude et les caractéristiques utilisées. Dans la pratique, le choix de ces caractéristiques est plus souvent lié à la disponibilité des informations concernant la structure de la population à étudier (généralement les critères fournis par l'Insee) qu'à leur réelle pertinence en regard du problème étudié.

La méthode d'échantillonnage par quotas présente un certain nombre d'avantages et de limites que le tableau 3.2. résume. Son principal avantage est de ne pas exiger de base de sondage : elle n'impose donc pas de délais de mise en œuvre et se montre économique (elle peut coûter deux fois moins cher qu'une méthode probabiliste). Pour ces raisons, c'est la technique la plus utilisée par les sociétés d'études de marché.

Mais son usage se justifie aussi lorsque la méthode probabiliste risque d'être inopérante :

– s'il y a difficulté à établir la liste de sondage ou difficulté à joindre les éléments qui seront sélectionnés ;

– si la population de référence est très hétérogène ou si un taux de non-réponse assez élevé est prévisible ;

– lorsque l'estimation statistique des résultats n'est pas recherchée ou dans le cadre de certaines études exploratoires.

Cependant, la méthode des quotas nécessite : (a) de connaître *a priori* la structure de la population sur les critères descriptifs utilisés ; (b) de justifier la pertinence de ces critères par rapport à l'objet de l'étude ; et (c) d'en déterminer le nombre car, plus il augmente, plus il est difficile de trouver des éléments exactement caractérisés par le même ensemble de critères. En outre, la méthode n'autorise théoriquement pas l'usage des tests statistiques pour estimer la précision des variables observées (fréquence, moyenne).

Tableau 3.2 – **Avantages et inconvénients de l'échantillonnage empirique**

Avantages	Inconvénients
• Absence de base de sondage, d'où un temps de constitution de l'échantillon réduit. • Permet de vérifier aisément la conformité de l'échantillon à la population en fonction du modèle de représentativité établi • Limite sur le terrain l'effort de couverture et de recherche : tous les individus possédant les mêmes caractéristiques – principe des quotas – sont interchangeables (parce qu'ils sont considérés comme équivalents) • Possibilité d'effectuer des « redressements » pour compenser un écart de quota • Méthode facile à utiliser, rapide à mettre en œuvre ; globalement très économique	• Implique de connaître la structure de la population sur les critères de sélection retenus, devant être issue d'une information fiable et récente • Implique la pertinence des critères de sélection retenus dans le modèle de représentativité par rapport aux objectifs de l'étude • Risque de biais de sélection des enquêtés laissée à l'initiative de l'enquêteur • Risque de sous-représentation d'un segment de la population numériquement faible en raison de la difficulté à trouver un quota rare • Sur le terrain, contrôle plus difficile des enquêteurs • En toute rigueur, l'arsenal statistique n'est pas utilisable pour extrapoler ou pour estimer les marges d'erreur.

■ Le contrôle du choix des éléments à enquêter

Dans les méthodes d'échantillonnage empirique, les enquêteurs choisissent les personnes à interroger, ce qui peut poser d'importants problèmes de validité. Le principe des *appels automatisés* (CATI) pour les enquêtes téléphoniques et la *méthode des itinéraires* pour les enquêtes à domicile en face à face, permettent de réduire ces risques.

– La *méthode des itinéraires* (ou méthode de la « route au hasard ») consiste à réintroduire le hasard dans le choix des interviewés pour réduire l'autonomie de l'enquêteur qui reçoit des consignes strictes concernant l'itinéraire qu'il doit respecter (les *axes* d'enquête) et qui constituent son *« plan de marche »*. À chaque adresse ainsi définie, il n'interroge que les personnes correspondant aux quotas recherchés.

> **EXEMPLE**
>
> « Emprunter la rue Ader et partir du n° 5 ; respecter un pas de 5 numéros pour choisir les adresses suivantes ; si c'est une maison individuelle, contacter l'habitant ; si c'est un immeuble, aller au 2ᵉ étage, choisir la 3ᵉ porte palière à gauche ; si ces coordonnées n'existent pas, passer à l'adresse suivante. Après la 5ᵉ adresse, prendre la seconde rue à gauche, et procéder dans les mêmes conditions, puis la 3ᵉ rue à droite. Etc. »

Pour les enquêtes téléphoniques, le système automatisé appelé CATI (*Computer Assistance for Telephoning Interview*) permet de générer aléatoirement les numéros d'appel. Ce système permet de contourner la liste rouge et limite le rôle des enquêteurs dans la construction de l'échantillon.

Ces méthodes sont un moyen de choisir aléatoirement les enquêtés, sans permettre pour autant de constituer un échantillon qui soit réellement probabiliste puisque ne sont enquêtés que les individus correspondant aux quotas recherchés. Elles permettent aussi une bonne répartition géographique des enquêtés et un contrôle efficace de leur sélection. Elles limitent « l'effet de grappe » (l'enquêteur prospecte systématiquement quelques immeubles situés dans une zone à forte densité de population) ou suppriment « l'effet panel » (un enquêteur local interroge toujours les mêmes personnes qu'il connaît bien quel que soit l'objet de l'étude).

3. Les plans d'expérience

Dans les études explicatives de nature causale, il peut être nécessaire d'élaborer un plan d'échantillonnage particulier qui permette d'estimer réellement les effets d'une variable marketing sur le comportement du consommateur. Un plan d'expérience permet d'organiser les observations *a priori* pour que les hypothèses de causalité formulées puissent être testées.

DÉFINITION

Un plan d'expérience est un plan d'échantillonnage dans lequel les observations sont effectuées dans une situation strictement contrôlée pour estimer, toutes choses égales par ailleurs, l'effet d'une variable indépendante sur une variable dépendante. Les différentes valeurs que la variable indépendante peut prendre sont prédéterminées et constituent le «traitement expérimental» de la variable.

EXEMPLE

Au terme d'une campagne publicitaire pour une marque de *sirop de fruits*, l'agence de publicité responsable du budget souhaite savoir si le niveau de pression publicitaire subi par les prospects a joué un rôle dans la mémorisation de la marque, l'évolution de son image et le niveau de consommation.

La «pression publicitaire» est la variable dite indépendante; «mémorisation», «image» et «consommation» sont les variables dites dépendantes et, par hypothèse, leur variation serait fonction de la variation de la «pression publicitaire». Cette variable, mesurée en «nombre de contacts avec le message» est réduite à quatre classes de valeurs, de «faible» à «élevé», mises en relation avec les valeurs des variables dépendantes; cette transformation est un exemple de ce qu'il faut comprendre par «contrôle» et «traitement» de la variable indépendante.

Le tableau 3.3 présente les différents plans d'expérience qui se répartissent en deux groupes : les plans informels, très utilisés en marketing, particulièrement dans le cadre du contrôle des choix tactiques, et les plans formels, qui sont en fait les seuls à permettre la mesure statistique de l'erreur associée aux résultats observés.

II La détermination de la taille des échantillons

La taille de l'échantillon peut être déterminée soit sur des critères statistiques, soit sur des critères empiriques ; la pratique conduit bien souvent à combiner les deux.

1. Sur critères statistiques

Si l'échantillon est constitué de manière probabiliste, la détermination de sa taille peut s'appuyer sur la théorie de la distribution d'échantillonnage qui démontre qu'il est possible d'estimer la moyenne (M) ou la fréquence (F) d'une observation sur la population, à partir de la moyenne (m) ou de la fréquence (f) observée sur un échantillon, avec une précision (ε) qui dépend de la taille de l'échantillon. La précision ε souhaitée dans l'estimation des paramètres étudiés, et fixée par l'analyste, va déterminer la taille de l'échantillon.

■ **Taille de l'échantillon pour estimer une fréquence**

EXEMPLE

> Un prestataire de services en ligne souhaite pour estimer le potentiel de son marché, connaître, dans une région donnée, le pourcentage de foyers disposant à domicile d'un téléviseur connecté à l'Internet. Pensant utiliser un échantillon probabiliste, il se demande combien de foyers interroger pour effectuer une estimation assez précise. Une étude réalisée sur une autre région quelques mois plus tôt indiquait que 30 % des foyers étaient équipés.

La détermination de la taille de l'échantillon implique de définir *a priori* trois éléments de décision :

– le seuil de risque α qui représente la probabilité de se tromper en affirmant que la valeur observée est à l'intérieur d'un intervalle de variation dépendant de la précision recherchée ; elle définit la valeur de la loi normale t_α ;

– la valeur attendue (entre 0 et 1) de la fréquence f à estimer sur la population (au cas où cette valeur est totalement inconnue, on la définira *a priori* comme étant celle présentant le maximum d'incertitude, soit $f = 0,50$) ;

Tableau 3.3 – **Les différents types de plans d'expérience**

Type de plan	Structure du plan Abréviations : VI = variable indépendante – VD = variable dépendante Test = groupe test – Témoin = groupe témoin	Exemples
LES PLANS INFORMELS pour tester l'effet d'UNE VARIABLE INDÉPENDANTE		
« Après » sans contrôle	Mesure des résultats sur VD entre groupes générés par les modalités de la VI *Effet* = comparaison des résultats entre les groupes	*Test de prix* : quantités achetées (VD) selon différents niveaux de prix (VI)
« Avant/Après » sans contrôle	VD mesuré avant manipulation de la VI puis après manipulation de la VI *Effet* = [Valeur VD Après – Valeur VD Avant]	*Contrôle publicitaire* : évolution de l'image de marque (VD) sous l'influence des niveaux de pression publicitaire (VI)
« Après » avec contrôle	Test : VD mesurée selon traitements de VI Témoin : VD mesurée sans traitement de VI *Effet* = [Valeur VD Test – valeur VD Témoin]	*Test promotion* : comparaison du chiffre d'affaires d'un produit entre magasins sans promotion (témoin) et avec promotion (test)
« Avant/Après » avec contrôle	VD mesuré en 2 temps sur Test et Témoin étudiés au même moment Test : VD mesurée avant, puis après traitement Témoin : VD mesurée avant puis après sans traitement *Effet* = [Test (VD Après – VD Avant)] – [Témoin (VD Après – VD Avant)]	*Test de promotion* : Test : quantités achetées au prix habituel, puis au prix promotionnel Témoin : quantités achetées au prix habituel, puis encore au prix habituel
LES PLANS FORMELS pour tester l'effet d'UNE SEULE VARIABLE INDÉPENDANTE		
Plan complet aléatoire	Les éléments échantillonnés sont affectés aléatoirement aux modalités du traitement de VI qui définissent autant de sous-échantillons comparés *Effet* : l'analyse de variance pour comparer les résultats sur la variable dépendante en fonction des sous-échantillons de la variable indépendante	*Test merchandising* : étude de l'influence du nombre de *facing* sur les ventes. Trois formats de *facing* retenus, à raison de 7 magasins par format, aléatoirement répartis

Plan en bloc aléatoire	Conçu pour contrôler l'influence d'une variable exogène sur les effets de la variable indépendante Constitution de blocs d'observations selon les modalités de la variable exogène constituant des sous-échantillons homogènes *Effet* : l'analyse de la variance pour comparer les résultats sur la variable dépendante en fonction de la variable indépendante dans les sous-échantillons constitués par les modalités de la variable exogène	*Même exemple.* La taille du magasin peut perturber les résultats concernant l'influence de la variable indépendante *facing* : c'est la variable exogène. Les 21 magasins initiaux sont stratifiés en trois groupes (blocs) de taille homogène, au sein desquels on répartit les 3 formats de *facing*
Plan incomplet « carré-latin »	Conçu pour contrôler l'influence de deux variables exogènes qui n'interagissent pas entre elles, en plus de l'influence de la variable indépendante Répartition des observations selon un plan qui combine le croisement entre toutes les modalités des 2 variables exogènes et de la variable indépendante *Test des effets* fondé sur l'analyse de la variance	*Test de packaging* : influence du style de résumé (VI) sur l'attrait d'un roman (VD), avec 2 variables exogènes : le titre du roman, et l'illustration Mesurer l'effet du résumé sur l'appréciation en fonction du titre et de l'illustration
Plan incomplet « gréco-latin »	Conçu pour contrôler l'influence de trois variables exogènes qui n'interagissent pas entre elles, en plus de l'influence de la variable indépendante Répartition des observations selon un plan qui combine le croisement entre toutes les modalités des 3 variables exogènes et de la variable indépendante *Test des effets* fondé sur l'analyse de la variance	*Même exemple*, en introduisant une 3ᵉ variable exogène : le prix de vente du roman Mesurer l'effet du résumé sur l'appréciation en fonction du titre, de l'illustration, du prix
LES PLANS FORMELS pour tester l'effet de PLUSIEURS VARIABLES INDÉPENDANTES		
Plans factoriels complets	Conçus pour mesurer l'influence de deux ou plusieurs variables indépendantes et l'influence de leur interaction sur une variable dépendante *Test des effets* fondé sur l'analyse de la variance avec étude de l'interaction	*Analyse d'un rapport qualité/prix* : étudier l'influence sur le prix de vente d'un ski de sa marque, de sa qualité technique réelle, de son type d'utilisation prévue

– la précision de l'estimation que l'on se fixe (ε), exprimée en pourcentage, qui correspond à l'intervalle de variation accepté.

Le calcul de la taille n de l'échantillon, dérivé du calcul statistique des valeurs d'un intervalle de confiance, suit la formule suivante : $n = \{(t_\alpha)^2 \cdot [f(1-f)]\}/(\varepsilon)^2$. Le développement de l'exemple présenté ci-dessus va permettre de comprendre cette formule.

EXEMPLE

Ce calcul est illustré de la façon suivante :

- $f = 0{,}30$: la valeur déjà observée mesurant le taux d'équipement est prise comme référence pour estimer *a priori* la fréquence recherchée (F) sur la population étudiée ; la valeur complémentaire $(1-f)$ vaut donc $1 - 0{,}30 = 0{,}70$;

- ε : précision de la fréquence à estimer sur la population ; elle est ici fixée à $\pm 0{,}03$ (3 %) ;

- t_α : on accepte dans 5 % des cas le risque (α) de présenter la fréquence observée sur l'échantillon comme vraie sur la population (alors qu'en réalité elle est fausse) ; une table statistique donne la valeur de la loi normale centrée réduite t pour ce seuil de risque α, soit ici : 1,96 (ou 2,58 si $\alpha = 1$ %).

Le nombre de foyers à interroger découle de la formule rappelée ci-dessus :

$n = \{(1{,}96)^2 \cdot [0{,}30 * 0{,}70]\}/0{,}03^2 = 897$; il convient donc d'interroger environ 900 foyers.

Si la proportion f attendue était inconnue, c'est la valeur de référence 50 % qui s'impose, et le résultat aurait été : $n = \{(1{,}96)^2 \cdot [0{,}50 * 0{,}50]\}/0{,}03^2$, soit $n = 1\,067$. Des abaques ou certains logiciels d'analyse statistique permettent de calculer directement la taille de l'échantillon pour un niveau de précision et un seuil de risque fixés.

■ Taille de l'échantillon pour estimer une moyenne

EXEMPLE

Une société envisage de développer une activité de vente en ligne de logiciels de jeux auprès de sa clientèle. Mais avant de proposer cette nouvelle prestation, elle souhaiterait en estimer le potentiel économique. Les seules informations dont elle dispose sont des statistiques publiées qui ne concernent que les jeunes qui achèteraient en moyenne quatre jeux par an, cette moyenne couvrant une large dispersion, allant de 0 à 8. Le prix de vente moyen est de 50 € par jeu. Elle envisage de réaliser une étude sur son fichier de clientèle pour en savoir plus.

La détermination de la taille de l'échantillon implique toujours de définir *a priori* trois éléments de décision, à savoir :
– le seuil de risque α ;
– le niveau de précision ε de la moyenne ;
– et ici l'écart type de l'échantillon (s), lequel sera le plus souvent déterminé de manière empirique, soit par référence à une étude antérieure, soit avec un test préliminaire. Il peut aussi être approximé par l'étendue statistique de la variable à étudier qui représente environ six fois son écart type.

Le calcul de la taille *n* de l'échantillon pour estimer une moyenne suit la formule suivante : $n = [(t_\alpha)^2 \cdot (s)^2]/(\varepsilon)^2$.

EXEMPLE

L'écart-type s, estimé ici à partir de l'étendue (8 – 0 = 8) vaut 8/6, soit 1,3334 ; si le budget moyen annuel est de 200 € (50 €*4), l'écart-type de la distribution du CA vaut donc 50*1,3334 = 66,67. On souhaite estimer à 10 € près (ε : 10/200 = 5 %) le budget moyen consacré à ce poste par les clients pour un seuil de risque de 5 % (α = 0.05). Tous les paramètres sont réunis pour calculer l'effectif n : [(1.96)² × (66,67)²]/ (5)², soit 682,96 : il faut donc interroger 683 personnes. Si l'estimation est à 20 € près (ε : 20/200 = 10 %), la formule donne 170,75, soit 171 individus. On notera que la taille de l'échantillon varie selon le carré de la précision : pour réduire de moitié l'imprécision ε de l'estimation (de 10 à 5 % ici), on multiplie par quatre la taille de l'échantillon.

Une fois l'étude réalisée, on calculera la précision exactement atteinte en fonction de la fréquence ou de l'écart type réels observés sur l'échantillon. Précision du résultat et coût de l'opération dépendent de la taille de l'échantillon ; mais ce sont deux exigences antagonistes avec lesquelles l'analyste devra toujours composer : sachant que l'augmentation de la précision croît comme le carré de la taille de l'échantillon, il faut évaluer l'intérêt d'un surcroît de précision, et déterminer ainsi l'effectif optimal compte tenu des objectifs de l'étude et du budget disponible.

2. Sur critères empiriques

Les objectifs de l'étude donnent une première indication de la taille probable. Dans une *étude exploratoire*, le nombre d'observations à effectuer, de quelques unités à quelques dizaines, est fonction de la nature des informations à recueillir : un petit nombre d'observations suffiront pour obtenir une information simple ; les points de vue devront être multipliés si elle se révèle plus complexe, et donc la taille de l'échantillon augmentée. Dans les études menées par entretiens, la taille de l'échantillon dépend du degré de saturation de l'information : l'enquête s'arrête dès que tout nouvel entretien n'apporte plus d'information substantielle originale.

Dans une *étude descriptive*, on a plutôt le souci de mesurer les variables étudiées, et on souhaite que les valeurs observées soient aussi précises et représentatives que possible de la réalité. Or, la précision dépend de la taille de l'échantillon : plus la taille est grande (de plusieurs centaines à quelques milliers) et plus le résultat mesuré est précis, sous certaines conditions d'échantillonnage.

Mais comment définir la bonne taille ? De manière très pragmatique, on peut procéder à une préenquête (qui peut aussi servir à tester la qualité du questionnaire) pour avoir un aperçu de la valeur moyenne des différentes variables à étudier. Sur ces indications même grossières, l'une des procédures statistiques décrites précédemment sera utilisée pour fixer le nombre d'observations à effectuer en fonction du degré de précision recherché. On peut aussi s'appuyer sur des études similaires dont les résultats connus permettent de calibrer l'échantillon à construire.

D'une manière générale, plus la population est hétérogène, entraînant une grande dispersion des valeurs mesurées, et plus un échantillon de grande taille est nécessaire si on veut être précis.

Chapitre 4
Les techniques d'enquête

DÉFINITION

Le terme «enquête» recouvre un ensemble de méthodes d'investigation techniquement différentes, mais utilisant toutes le mode déclaratif qui consiste à interroger des individus dont les réponses constituent la matière informative. *Entretien et questionnaire* sont les deux procédures types, chacune se déclinant en une variété de techniques.

Le choix entre l'entretien (section I) et le questionnaire (section II) dépend du contenu d'information recherché car chaque technique apporte une information spécifique.

I Les techniques d'entretien

DÉFINITION

L'entretien est une technique d'extraction d'informations auprès d'un individu (entretien individuel) ou d'un groupe d'individus (entretien de groupe), qui s'appuie sur des procédures d'animation standardisées. L'information recherchée, dont les acteurs n'ont pas nécessairement une conscience claire pendant l'entretien, n'est accessible qu'au travers des *interactions* qui se produisent entre enquêteur et enquêtés.

Les entretiens permettent de recueillir des informations originales, spécifiques à un individu ou un groupe ; elles sont de nature qualitative et visent d'abord à *explorer* et à *comprendre* plutôt qu'à mesurer et à quantifier. De ce fait, les entretiens sont utilisés dans les études exploratoires, mais aussi dans certaines études explicatives.

Dans les études exploratoires, ils permettent de découvrir des champs mal connus, de comprendre le fonctionnement mental des répondants leur rapport intime aux produits et marques, aux idées nouvelles, etc. Les entretiens sont aussi utilisés pour préparer une étude extensive : définir le contenu d'un questionnaire ou formuler ses questions et réponses.

Dans les études explicatives, ils permettent de comprendre les raisons des comportements observés à partir de la recherche des significations associées à une situation. On les utilise aussi pour formuler des réseaux d'hypothèses qui sont ensuite testés avec d'autres approches.

La compétence technique de l'enquêteur influence la quantité et la qualité de l'information recueillie : il est impératif que tous les entretiens soient enregistrés (magnétophone ou vidéo) pour sauvegarder toute la richesse de l'information produite et pour que l'enquêteur puisse se consacrer totalement à l'animation. Cette matière enregistrée (le *corpus*), souvent volumineuse, doit être analysée et interprétée avec soin, à l'aide des méthodes d'*analyse de contenu* (voir chapitre 5).

Les études menées par entretiens reposent sur de petits effectifs : de quelques unités à quelques dizaines de personnes pour les entretiens individuels ou de 3 à 5 groupes composés d'une dizaine de personnes ; elles sont choisies pour leur singularité et la diversité de leur profil. De tels échantillons ne pouvant prétendre à une quelconque représentativité, on ne peut donc généraliser leurs résultats.

1. Entretien individuel et entretien de groupe

L'*entretien individuel* – où chaque personne est interviewée individuellement – vise à dépasser le stade du discours stéréotypé pour amener progressivement l'individu à exprimer ce qu'il pense et ressent personnellement en relation avec son *vécu*.

EXEMPLE

Une série d'entretiens individuels est conduite pour comprendre et identifier chez le consommateur d'alicaments ses attentes, ses croyances, ses représentations et l'efficacité qu'il leur reconnaît ; mais aussi pour découvrir ses craintes liées à leur composition et à leur usage.

L'*entretien de groupe* fournit l'information recherchée à partir d'un groupe constitué de 6 à 12 personnes, réunies dans une salle (ou connectées en ligne) pour échanger sur un thème, mais contrôlées et gérées par un animateur-interviewer. Les informations recueillies résultent des interactions qui s'établissent entre les membres du groupe étudié : elles ne concernent donc pas chacun des individus pris isolément, mais bien le groupe considéré dans son entité.

> **EXEMPLE**
>
> Pour savoir comment se conçoit et se pratique l'entraide familiale, une mutuelle fait réaliser quatre réunions de groupe (de 8 personnes chacune) couvrant les différents stades familiaux : jeune famille, foyer d'adultes et foyers de retraités.

Du fait de leurs objectifs spécifiques, entretien individuel et entretien de groupe ne fournissent pas exactement la même information : ils ne sont donc pas interchangeables, et la réalisation de quelques réunions de groupe ne saurait remplacer une série d'entretiens individuels, même si leur mise en œuvre est plus rapide et moins onéreuse. Des recherches montrent (Giami, *in* Blanchet, p. 223) que les mêmes individus étudiés avaient tendance à fournir les réponses qu'ils pensaient être celles de leur groupe d'appartenance lorsqu'ils s'exprimaient dans le cadre d'une réunion de groupe, alors qu'ils livraient leurs impressions et réactions personnelles en entretien individuel.

Comme le montre le tableau 4.1, il existe plusieurs types d'entretien individuel et plusieurs types d'entretien de groupe : ils se différencient par le *style d'animation utilisé*, plus ou moins directif, selon les objectifs d'étude.

2. L'approche non directive

Elle tient de la méthode clinique développée en psychologie, centrée sur l'observation approfondie d'un individu (ou d'un groupe). Elle postule que toute conduite a une signification (même si elle n'est pas immédiatement accessible à un observateur extérieur, ni au sujet lui-même), laquelle peut émerger d'une analyse systématique du discours produit, même s'il est superficiel, mal structuré, voire de faible logique. Ce discours étant nécessaire à la compréhension de la conduite, il faut en faciliter la production par des techniques n'imposant pas de contrainte interrogative afin de recueillir des informations proches du vécu.

Dans un *entretien en profondeur* (ou *entretien non directif*), l'objet de l'observation est l'individu lui-même. La technique permet d'explorer son système de pensée, d'identifier ses référents intellectuels et culturels, de faire émerger son système motivationnel, de mettre à jour ses attitudes et ses représentations à propos de produits, de marques, ou d'idées ; ou, plus ambitieux, de comprendre son mode de fonctionnement psychique.

Dans un *groupe de discussion*, c'est le groupe lui-même qui est l'objet de l'analyse, pour identifier les stéréotypes de pensée, les processus de formation, de modification ou d'ancrage des opinions, des jugements, l'émergence des phénomènes de leadership, etc.

EXEMPLES

Avec une série de 25 entretiens individuels, on espère découvrir comment les automobilistes imaginent ce que devrait être *leur* véhicule écologique.

Dans le cadre de la préparation d'une campagne de sensibilisation en matière de prévention routière, on cherche à déterminer avec deux ou trois réunions de groupes les contre-arguments les plus convaincants susceptibles de neutraliser les arguments qu'utilisent les contrevenants pour justifier leurs comportements à risque.

Dans l'approche non-directive, à l'exception de la *consigne* initiale, l'interviewer, ou l'animateur d'un groupe de discussion, ne doit opérer aucune intervention qui puisse limiter ou orienter l'expression libre et spontanée des personnes.

DÉFINITION

La *consigne* est une phrase introductive qui présente, à l'individu ou au groupe, la tâche avant de définir le thème de l'entretien (mais sans dévoiler l'objet de l'étude) et qui s'achève par une question.

EXEMPLE

Face aux pratiques des réseaux sociaux, un imprimeur s'interroge sur l'avenir des cartes de vœux. Pour s'adapter au nouveau contexte, il souhaite connaître la diversité des attentes en la matière et fait réaliser une série d'entretiens avec la consigne suivante : « J'aimerais que nous parlions des vœux. Les vœux, qu'est-ce que cela représente pour vous ? ». La consigne ne mentionne pas spécifiquement la carte de vœux et son devenir, objet de l'étude.

Une fois la consigne formulée, l'action de l'enquêteur se limite à encourager l'interviewé pour qu'il s'exprime spontanément sur le thème étudié, en utilisant des techniques de *relance* et de *reformulation* sans jamais poser de questions directes. La démarche est la même dans un groupe où, en plus, l'animateur s'efforce de faciliter la prise de conscience de ce qui se dit et se vit dans le groupe en élucidant les processus relationnels qui s'établissent.

Tableau 4.1 – **Les différents types d'entretien**

Degrés de liberté	Technique d'animation	Objet de l'investigation	Types d'entretien individuel	Types d'entretien de groupe	Type de questionnement
Très élevés	Non directive	Individu ou groupe	Entretien en profondeur (ou non directif)	Groupe de discussion	Consigne formelle reformulation et relance
Assez élevés	Semi-directive	Thématique complexe	Entretien centré (ou semi-directif)	Groupe de réflexion Groupe de créativité	Consigne formelle + guide d'entretien relance, recentrage
Assez limités	Directive	Thématique assez simple Expérience ou témoignage	Questionnaire ouvert Entretien d'expert	Groupe nominal ou entretien de groupe Groupe Delphi	Ensemble de questions ouvertes Ensemble de questions mixtes (ouvertes + fermées)
Très limités	Directive et orientée	Thématique très simple et connue	Questionnaire fermé	–	Ensemble de questions fermées ou mixtes

3. L'approche semi-directive

C'est la plus pratiquée. Elle relève aussi de la méthode clinique, bien que son objet ne soit plus l'individu ou le groupe (qui restent cependant les moyens indispensables pour accéder à l'information recherchée), mais un *thème d'étude* clairement défini : on cherche à en explorer les différentes facettes pour obtenir des informations aussi variées et complètes que possible, des plus banales aux plus originales.

L'approche consiste à canaliser le discours des interviewés sur ce seul thème pour l'étudier de manière systématique. Cette contrainte conduit l'enquêteur à une certaine directivité (tout en évitant le questionnement direct), mais l'orientation générale reste bien de préserver l'autonomie de parole de l'interviewé, et de faciliter son expression sur un mode toujours personnel et spontané.

Un *entretien centré* (ou *entretien semi-directif*) est mené à l'aide d'un guide d'entretien.

DÉFINITION

Le *guide d'entretien* est un document qui précise à l'enquêteur, en plus de la consigne initiale (identique à celle d'un entretien en profondeur), l'ensemble des facettes du thème étudié qui doivent être abordées avec détail au cours de l'entretien.

EXEMPLE

Le guide d'entretien de l'étude sur les vœux se présente de la façon suivante :

Consigne : « J'aimerais que nous parlions des vœux. Les vœux, qu'est-ce que cela représente pour vous ? » est la seule question formulée.

Suit l'énumération des facettes que l'interviewé devrait aborder :

– l'expression des vœux : nature des vœux exprimés, circonstances et conditions d'expression, significations ; les vœux *on line* ;

– leur rôle dans la vie sociale : le maintien du contact ; les obligations qu'ils créent ; le plaisir qu'ils procurent ;

– les réactions aux vœux : objectifs perçus dans leur expression ; sincérité ; l'image véhiculée par les vœux ;

– la carte de vœux : place et rôle de la carte, ses substituts ; la carte virtuelle et son adéquation aux types de vœux ; la carte idéale.

Le guide d'entretien, qui n'est jamais formulé de manière interrogative (à l'exception de la consigne initiale), permet à l'enquêteur d'approfondir l'étude de certaines facettes quand l'interviewé les aborde spontanément ou, quand elles ne le sont pas, de les introduire au moment le plus opportun tout en préservant le caractère libre du discours en évitant le questionnement direct. Dans certains cas, l'enquêteur peut disposer d'un matériel standardisé utilisé comme stimulus (dans l'exemple cité : une planche représentant quelqu'un recevant une carte de vœux) qu'il soumettra à l'interviewé en lui demandant ce que lui inspire la scène représentée.

Un *groupe de réflexion* (ou *focus group*) est une réunion de groupe qui se déroule selon le même schéma qu'un entretien centré. L'animateur ou « modérateur » a une double fonction : réguler le groupe et faire produire du contenu.

Comme régulateur, il doit fixer et préciser les règles de fonctionnement du groupe, veiller à leur respect, structurer l'ensemble des échanges, s'assurer que tous les membres s'expriment, limiter et gérer les effets de leadership, et restituer régulièrement les apports par des synthèses ponctuelles. Mais il doit aussi veiller à ce que le groupe produise l'information recherchée en s'appuyant sur un guide d'animation comparable en tous points au guide d'un entretien centré : il énumère les différentes facettes du thème étudié qui doivent être abordées ; et si le groupe ne les aborde pas spontanément, l'animateur les introduit mais sans prendre part au débat ni aux échanges.

Le *groupe de créativité* relève aussi de l'approche semi-directive, mais orientée vers la production effective d'idées nouvelles. Il se déroule en plusieurs étapes qui visent, à travers un certain nombre d'exercices, d'abord à « déconditionner » ses membres de leur façon habituelle de penser, puis à les préparer à une démarche créative de manière active, avant de les mettre en situation de réelle production.

4. L'approche directive

On l'utilise le plus souvent pour vérifier si certaines informations ou opinions sont bien présentes dans une cible étudiée (par exemple, pour contrôler les contenus de l'image d'une marque au terme d'une campagne publicitaire). Le principe repose sur un questionnement direct auquel l'interviewé répond de manière libre, spontanée, et approfondie, sans qu'on lui suggère des réponses préétablies comme dans un questionnaire fermé.

L'*entretien à réponses libres* (ou *questionnaire ouvert*) est pratiquement une systématisation de l'entretien centré : le contenu du guide d'entretien est transformé en une suite de questions standardisées soumises de manière directive à l'interviewé dans un ordre prédéterminé ; mais les réponses ne sont ni formulées, ni imposées et le répondant dispose de toute la latitude nécessaire pour développer ses idées.

Dans ce type d'entretien, l'intervention de l'enquêteur est mixte : directive lorsqu'il pose chaque question, mais non directive au moment de la réponse n'intervenant que par relance et reformulation pour l'approfondir. Chaque question, prenant ici valeur de « consigne », est en fait traitée comme s'il s'agissait d'un entretien à part entière.

EXEMPLE

Nombre de prétests de messages publicitaires sont réalisés avec ce type d'entretien ; ils enchaînent un certain nombre de questions à réponses libres telles que :

– qu'est-ce que vous avez vu dans cette annonce ; qu'est-ce que vous avez plus particulièrement retenu ?

– qu'est-ce qu'on a voulu vous dire concernant cette marque ; qu'est-ce que vous avez compris ?

– qu'est-ce qui vous a plu dans cette annonce ; qu'est-ce qui vous a moins plu ; qu'est-ce qui vous a déplu ?

L'*entretien d'expert* ou *de témoignage* relève de cette même catégorie d'entretien. Il consiste à interviewer l'expert d'un domaine technique, scientifique ou le témoin d'une époque par exemple. La qualité et la richesse de l'information résultent de la qualité de la relation, voire de la connivence, qui s'établit entre l'enquêteur et l'enquêté fondée en partie sur une connaissance partagée du domaine étudié.

Le *questionnaire de groupe* (ou *technique du groupe nominal*) vise, pour une thématique donnée (souvent liée à une situation d'achat ou de consommation), à obtenir rapidement un grand nombre d'idées différentes concernant des produits ou des marques, et leur utilisation, etc. Il est aussi utilisé comme substitut économique à la réalisation d'un groupe de créativité pour des thématiques simples.

Sous la direction d'un animateur, le questionnaire de groupe associe questionnement individuel et discussion en groupe selon un protocole très standardisé alternant phases d'exploration et phases d'évaluation.

EXEMPLE

L'objectif de l'étude est d'identifier les critères de choix pour l'achat d'un véhicule d'occasion :

– *Phase d'exploration.* Chaque membre du groupe répond individuellement à une question générale : « Si vous deviez acheter une voiture d'occasion pour votre usage personnel, quels sont les critères que vous utiliseriez pour effectuer votre sélection ? » ; puis il présente ses réponses. Les apports sont analysés collectivement sous le contrôle de l'animateur pour produire un ensemble d'items différenciés synthétisant au mieux la richesse des idées exprimées après regroupement des réponses jugées comparables.

– *Phase d'évaluation.* Chaque membre du groupe sélectionne ou hiérarchise les items qui lui semblent les mieux adaptés au problème étudié. Ce travail donne lieu à un calcul de fréquence sur les choix individuels. Puis les résultats sont soumis au groupe qui les discute et qui opère une nouvelle sélection des idées recensées. Cette séquence évaluative est répétée plusieurs fois si nécessaire pour sélectionner les items perçus comme étant les plus importants.

Ce type d'entretien de groupe est à la fois une technique d'extraction et une technique de « tamisage » des informations, visant à ne retenir que l'essentiel. La démarche contient en quelque sorte sa propre analyse de contenu.

Le *groupe Delphi* est une technique d'interview d'experts, proche de la logique du groupe nominal, mais utilisée dans une perspective prévisionnelle.

La méthode consiste à envoyer à une dizaine d'experts un questionnaire détaillé alternant questions ouvertes et fermées, auquel chacun répond avec précision sans se concerter avec les autres. Un analyste exploite et synthétise les réponses reçues. Puis de nouveau, après réception de la synthèse, chaque expert est invité à réagir avec le même questionnaire initial. Le processus est réitéré un certain nombre de fois jusqu'au constat de la convergence des avis ou, au contraire, de l'absence de consensus.

5. L'extension « on-line » des techniques d'entretiens

De manière usuelle, entretiens individuels et de groupe sont réalisés dans des lieux neutres, accueillants et rassurants pour les interviewés : salons aménagés chez le prestataire ou dans un hôtel réputé, ou à domicile pour une interview. Mais le développement des moyens électroniques de communication a permis l'adaptation de ces techniques d'enquête pour les réaliser à distance : resté chez lui, le participant est guidé par l'interviewer ou l'animateur depuis son bureau.

Cette adaptation procure un certain nombre d'avantages : couverture d'une population dispersée et de culture diversifiée, absence de déplacements, réduction des coûts et des délais de réalisation. Mais elle n'est pas sans limites : cette relation à distance par l'entremise d'un ordinateur n'est adaptée que pour un public familiarisé avec l'usage des outils de l'Internet et rompu à la pratique du clavier, mais plutôt enclin à ne bien traiter que les sujets qui le passionnent.

L'*entretien en ligne* avec une *webcam* est très proche de l'interview individuel : la relation de face à face demeure, ainsi que les échanges visuels et la spontanéité orale. L'enregistrement des expressions faciales est un plus, parfois utile lors de l'analyse de contenu.

Sans *webcam*, l'entretien peut aussi se dérouler par *messagerie électronique* (ou « e-terview » : Maubuisson et Abaidi). L'interviewé s'exprime exclusivement par écrit, ce qui tend à réduire sa spontanéité. Et on ne dispose d'aucune information visuelle ni orale qui renseigne sur la construction du discours. Or, tous ces éléments sont essentiels dans la conduite et le déroulement d'un entretien. Cependant, la valeur informative serait comparable à celle d'un entretien en face à face, mais transmise dans un contenu beaucoup plus dense et synthétique, donc plus économique et rapide à analyser (d'autant que le texte est immédiatement disponible).

L'usage de la messagerie instantanée est bien adapté aux *groupes de discussion* ou *focus group* en ligne où tous les participants sont devant leur ordinateur *connectés au même moment* sur une plateforme dédiée. Grâce à l'anonymat préservé, les phénomènes qui constituent les limites du face à face ont un effet très réduit en ligne : les marqueurs d'appartenance sociale (habillement, aisance orale, ascendant, etc.), les effets de leadership, la méfiance et la crainte d'être jugé (limitant spontanéité et liberté d'expression). Cependant, les échanges de nature visuelle et non-verbale, qui contribuent aux interactions entre les membres, ne sont pas possibles.

Mais la dynamique de groupe, inhérente à cette technique, se développe progressivement, gérée par l'animateur qui, de son ordinateur, transmet les questions et gère la diffusion des réponses pour que les participants réagissent en direct par écrit aux avis émis par chacun. Au bout du compte, si la matière recueillie est moins volumineuse, elle n'est pas moins riche et diversifiée qu'en face à face.

Quand le groupe de discussion s'étend sur plusieurs jours où les participants interviennent à leur rythme tout en respectant la cadence des questions, il prend le nom de *bulletin board* dans la mesure où l'animateur «affiche» toutes les contributions pour alimenter la réflexion collectivement. L'étalement des échanges dans la durée respecte la disponibilité de chacun et donne le temps de la réflexion (voire celui d'effectuer une tâche, par exemple étudier une proposition publicitaire) avant de répondre de manière réfléchie et motivée. Mais la réussite de ce type de *forum*, dont la gestion est délicate, implique une grande expertise de l'animateur.

II Le questionnaire

DÉFINITION

Le questionnaire est une technique d'interrogation individuelle, standardisée, composée d'une suite de questions présentées dans un ordre prédéfini.

L'apparente simplicité du questionnaire le rend d'usage courant, bien qu'il ne soit pas universel. De plus, il n'est pas toujours utilisé avec pertinence ni grande rigueur méthodologique. Enfin, le questionnement direct n'est pas toujours adapté au sujet d'étude et son caractère injonctif ne favorise guère une expression personnelle.

Un bon usage du questionnaire impose de bien savoir ce que l'on cherche et de connaître la nature des informations qu'il peut fournir (section 1). Sa qualité informative dépend aussi de la formulation des questions *et* des réponses (section 2) et de leur organisation en un ensemble cohérent, ainsi que du mode d'administration choisi (section 3).

1. Les objectifs d'un questionnaire

L'utilisation du questionnaire s'impose lorsque, dans un but de quantification, il s'agit de *mesurer* quelque chose dans le cadre d'une étude descriptive ou explicative :

– pour *décrire* une population ou un groupe ciblé sur un certain nombre de critères : les caractéristiques professionnelles et sociales, le niveau d'équipement, les comportements, les opinions, les intentions, etc. ;

– pour *estimer* une valeur absolue, comme déterminer le nombre de personnes qui possèdent un bien, qui partagent une même opinion, etc. ;

– pour *estimer* une valeur relative, comme la répartition des individus entre différents groupes prédéfinis en fonction de critères objectifs (par exemple le nombre de « petits », de « moyens » et de « gros » consommateurs d'une classe de produits) ou de critères subjectifs (déterminer la proportion de « publiphiles » et de « publiphobes » selon l'attitude mesurée à l'égard de la publicité) ;

– pour *tester* des relations entre variables afin de vérifier et de valider des hypothèses préalablement formulées (par exemple vérifier que la quantité d'informations recherchées par le futur acheteur est fonction de son niveau d'implication envers le produit).

Cette logique quantitative justifie la *standardisation* de l'outil : tous les enquêtés doivent être soumis exactement aux mêmes questions afin que leurs réponses individuelles soient comparables et cumulables. Cette contrainte justifie la faible autonomie, tant de l'enquêteur (qui doit appliquer strictement le protocole d'interrogation imposé) que de l'enquêté qui, dans une question fermée, ne peut choisir ses réponses que parmi les seules modalités proposées.

Cette rigidité facilite le recueil et l'exploitation des informations : elles peuvent être obtenues rapidement sur de grands échantillons, puis exploitées de manière économique pour fournir des informations statistiquement interprétables.

L'utilisation d'un questionnaire implique que l'on sache exactement ce que l'on cherche ; ce qui l'exclut de tout objectif de découverte. On ne peut l'appliquer que sur des contenus d'information déjà connus dont on cherche à vérifier la présence ou apprécier l'importance. La réalisation préalable d'une étude documentaire ou d'une série d'entretiens peut permettre de bien cerner ces contenus.

Selon leur formulation, les questions permettent d'obtenir des informations de nature aussi bien qualitative (des opinions, des attentes) que quantitative (un niveau de consommation) mais qui seront toujours exploitées dans une perspective quantitative (nombre de personnes partageant telle opinion, nombre d'utilisateurs d'un produit, volume moyen consommé). Le tableau 4.2 décrit les niveaux d'information selon les besoins du décideur : les produits et marques (par exemple le niveau de satisfaction d'un service), les interviewés (attentes envers un service), ou l'analyse combinée des deux.

Selon le choix du contenu des questions, un même questionnaire peut donc renseigner sur les interviewés (par exemple, leurs attentes envers un service), sur les produits ou les marques (le niveau de satisfaction d'un service), ou sur les deux analysés simultanément selon les besoins du décideur.

Tableau 4.2 – **Les principaux niveaux d'information et de questionnement**

Dimension	Contenu	Objet de l'information (ou les descripteurs)
Le questionnement sur les produits et les marques		
Cognitive	Degré de connaissance / Niveau de notoriété	Produit, marque, composantes techniques du produit, composantes de l'image
Affective	Niveau d'appréciation / Qualité de l'image de marque	Global ou sur les différentes composantes techniques / Image globale, ou de chaque composante de l'image
Conative	Degré d'intérêt / Niveau d'attractivité	Attrait pour le produit, pour la marque / Intention d'essai, d'achat, d'engagement

Dimension	Contenu	Objet de l'information (ou les descripteurs)
Le questionnement sur les interviewés		
Qualificative	« Qui sont-ils ? » (signalétique)	Descripteurs socio-économiques (type Insee), équipement, Descripteurs socio-psychologiques (type sociostyles)
Comportementale	« Que font-ils et comment ? »	Habitudes comportementales, ou comportements ponctuels. Modes, conditions, contextes d'utilisation, de consommation
Motivationnelle	« Qu'est-ce qui les motive ? » « Qu'est-ce qu'ils pensent ? »	Attentes, motivations, opinions, valeurs Perceptions, évaluations, jugements

EXEMPLE

À partir de l'étude de la consommation (circonstances, fréquence, quantité) des produits laitiers frais, comme les yaourts, les petits suisses, etc., et de l'analyse de leurs représentations (raisons de consommation, bienfaits reconnus, répulsions...), un industriel de l'agroalimentaire a pu à la fois identifier le positionnement de ces produits et segmenter les clientèles, en fonction de leurs représentations, pour déterminer différentes cibles ayant des comportements et des images de ces produits bien différenciés.

2. La formulation des questions et des réponses : les différents types de questions

Une question est composée de deux éléments indissociables : l'interrogation proprement dite et la réponse recherchée. Le soin apporté à la formulation des questions et au choix des modalités de réponse détermine la pertinence du questionnaire rédigé et sa qualité informative. Il existe deux types de questions : les *questions ouvertes* et les *questions fermées*, chacune ayant ses objectifs spécifiques.

■ Les questions ouvertes

DÉFINITION

Une question ouverte est une question dont la formulation laisse au répondant toute latitude pour construire librement sa réponse en utilisant ses propres mots et expressions.

EXEMPLE

« Combien de films êtes-vous allé voir au cours des quatre dernières semaines ? » est une *question ouverte à réponse numérique*, dont la réponse consiste à donner un chiffre.

« De ce réalisateur, quels sont les films que vous connaissez, ne serait-ce que de nom ? » est une *question ouverte à réponse textuelle*, qui permet de recueillir les contenus pertinents constituant la nature de la réponse. Les éléments de réponse recherchés sont le plus souvent multiples, mais ils peuvent être uniques : « De ce réalisateur, quel est *le* film que vous aimez le plus ? »

Une question ouverte permet d'obtenir une réponse spontanée qui renseigne sur le comportement effectif ou sur la connaissance réelle qu'a le prospect du domaine étudié, mais sans influencer l'orientation de sa réponse. Quand les modalités de réponses possibles sont connues (ou sélectionnées en fonction des objectifs de l'étude), elles sont généralement précodées à l'intention de l'enquêteur pour faciliter le recueil de l'information et son traitement ultérieur, mais ces modalités ne sont pas soumises à l'interviewé.

EXEMPLE

« Quels sont les services qui, selon vous, auraient le plus besoin d'être améliorés dans votre agence bancaire habituelle ? » (*Enquêteur : réponse spontanée, ne pas citer les modalités.*)

– Qualité d'accueil	O	– La discrétion	O
– Disponibilité des agents	O	– Faible attente	O
– Les horaires d'ouverture	O	– Le confort du lieu	O
– Services en ligne	O	– Conseils personnalisés	O

Autres : ....

On peut aussi utiliser des questions ouvertes sans codification préalable des réponses, mais cette procédure (assez exceptionnelle dans un questionnaire à vocation quantitative) nécessite de réaliser une analyse de contenu suivie d'une phase de codification qui alourdissent le coût d'exploitation.

EXEMPLE

« Quelles sont les mesures qui vous paraîtraient utiles pour lutter efficacement contre la fraude dans les bus de ville ? »

■ **Les questions fermées**

DÉFINITION

Une question fermée est une question dont la formulation contient les modalités de réponse entre lesquelles le répondant doit choisir pour répondre à l'exclusion de toute autre possibilité.

Rédiger une question fermée suppose de connaître les réponses pertinentes qui peuvent exister en regard des objectifs de l'étude. La forme et l'échelle de réponse définissent divers types de questions fermées (tableau 4.3).

1. *La question fermée à réponses multiples* (ou *à choix multiple* : exemple 1) permet au prospect de choisir, parmi plusieurs modalités de réponse proposées, celles qui correspondent le mieux à sa position, le nombre de choix pouvant être ou non limité. Ce type de question prévient les déficits mémoriels, facilite l'exposition exhaustive des situations étudiées, et permet aussi à l'interviewé de nuancer sa réponse.

   Mais la contrepartie de ces avantages est le risque de suggérer des réponses (« induction ») auxquelles le sujet aurait pu ne pas penser, ou qui lui semblent socialement valorisantes.

2. *La question fermée à réponse unique* oblige le prospect à choisir une seule réponse parmi les modalités qui lui sont proposées. Selon le nombre de modalités offertes, la question est dichotomique ou multichotomique ; et, selon sa forme, la réponse peut être nominale, ordonnée ou scalée. Ces aspects techniques définissent différents types de questions (et autorisent différents types de traitements statistiques).

Tableau 4.3 – Les différents types de questions et les diverses modalités de réponses

Questions à réponses multiples (plusieurs réponses possibles, en nombre limité ou non)		
Forme de la réponse	*Exemple n°*	*Exemple de question fermée à réponses multiples*
	1	Avez-vous déjà été abonné aux magazines suivants, même pendant une courte durée? Express ☐ ; Le Point ☐ ; Le Nouvel Observateur ☐ ; Figaro Magazine ☐ ; Valeurs Actuelles ☐ ; VSD ☐

Questions à réponse unique (une seule et unique réponse possible)		
Forme de la réponse	*Exemple n°*	*Exemples de questions fermées à réponse unique*
DICHOTOMIQUE	2	Possédez-vous un lave-vaisselle ? Oui ○ Non ○ Quel est le motif principal de votre voyage aujourd'hui : personnel ou professionnel ? Personnel ○ ; Professionnel ○
MULTICHOTOMIQUE – nominale	3	Quand vous faites ce trajet pour raison professionnelle, quel est le moyen de transport que vous utilisez le plus souvent : la voiture, le train, l'avion ? (attention : ne donner qu'une seule réponse) Voiture ○ ; Train ○ ; Avion ○
– ordonnée	4	Quels sont les aspects de l'état de votre restaurant auxquels vous êtes le plus sensible ? Classez-les par ordre, du plus sensible (1) au moins sensible (4) : – l'état des sols ☐ – l'état des tables ☐ – l'état des plateaux ☐ – l'état de la vaisselle ☐
– scalée unipolaire : *visuelle*	5 a	Je vais vous demander votre appréciation sur ce café. Voici une carte comportant des cases : la plus grande veut dire que vous l'aimez beaucoup, et la plus petite que vous ne l'aimez pas du tout, les cases intermédiaires servent à nuancer votre jugement. J'aimerais que vous m'indiquiez pour ce café à quelle case correspond votre appréciation. ☐ ☐ ☐ ☐ ☐ p r f d s

verbale	b	Concernant ce shampooing, de laquelle de ces quatre affirmations vous sentez-vous le plus proche ? – Ne l'utiliserais pas, même si on me le donnait ☐ – Ne l'achèterais qu'à défaut de trouver autre chose ☐ – L'achèterais bien comme deuxième shampooing ☐ – L'achèterais de préférence à mon shampooing actuel ☐
numérique	c	Quel est pour vous le pourcentage de crédibilité de cette publicité ? (donnez une valeur comprise entre 0 et 100 %). |__|__|__| %
	d	Pour dire comment vous appréciez le caractère pratique de l'emballage de chacune de ces 3 marques, veuillez répartir 100 points entre chacune d'elles (de telle manière que la somme des trois égale 100). – Marque Tesseire : .... points – Marque Berger : .... points – Marque Pam-Pam : .... points 100 points
– **scalée bipolaire :**	6	
visuelle	a	Êtes-vous plutôt très satisfait ou plutôt très insatisfait des horaires d'ouverture ? ☺ ☻ ☹ ☹ ☹
verbale	b	Achèteriez-vous un shampooing doux plutôt qu'un shampooing normal ? – C'est tout à fait exclu .... 1 – C'est peu probable .... 2 – C'est assez probable .... 3 – C'est tout à fait certain 4
	c	Quand je voyage dans un train de nuit, à l'arrivée, j'ai l'impression de n'avoir pas dormi : Tout à fait d'accord Assez d'accord Pas d'avis tranché Pas tellement d'accord Pas du tout d'accord – 2 – 1 0 + 1 + 2
numérique	d	Comment jugez-vous ce sirop de fruit ?
	e	Pas assez concentré – 3 – 2 – 1 0 + 1 + 2 + 3 Trop concentré Riche en fruits 7 6 5 4 3 2 1 Pauvre en fruits

– *La question fermée dichotomique* (exemple 2) énonce deux propositions de réponses entre lesquelles il faut en choisir une seule. C'est une question économique, facile à administrer et à traiter. Elle est particulièrement bien adaptée à un objectif d'identification ou pour recueillir des informations de nature factuelle et simple (des caractéristiques descriptives, des comportements…). Mais elle ne permet pas d'exprimer une réalité un peu complexe ou de nuancer la réponse.

– *La question fermée multichotomique* énonce plusieurs propositions entre lesquelles le répondant en choisit une seule. Si le nombre de propositions lui permet de se situer avec précision, la réponse unique peut lui paraître frustrante.

Dans sa forme *nominale*, la réponse correspond à l'une des différentes modalités (mots ou phrases) que choisit le répondant parmi les propositions suggérées (exemple 3).

Dans sa forme *ordonnée*, la réponse correspond au classement effectué par le répondant : cela permet d'apprécier le degré d'importance attribué aux différentes propositions suggérées (exemple 4).

Dans sa forme *scalée*, la réponse correspond au choix d'un échelon sur une échelle dont les niveaux sont pré-définis. Ces échelons constituent les modalités de réponse et traduisent un continuum d'intensité, de la plus faible à la plus forte valeur. Ils peuvent prendre des formes très diverses (exemples 5/6) : visuelle (icônes), verbale (mots ou phrases), ou numérique (nombres). Les distances entre les échelons peuvent être égales (échelle d'intervalle) ou non (échelle ordonnée). La réponse donnée situe l'individu sur l'échelle et renseigne directement sur l'intensité de son accord, de son agrément, ou de son attitude.

La formulation de la réponse à une question scalée est *unipolaire* si elle exprime une progression (exemple 5) et *bipolaire* si elle exprime une opposition (exemple 6). Cette opposition, systématisée dans la technique du « différenciateur sémantique » développée par Osgood (exemples 6 *d* et *e*), permet d'analyser la valeur concurrentielle des marques en les comparant sur un certain nombre de propositions qui constituent leur profil. Mais elle trouve sa limite dans la définition des antonymes : il peut être difficile de déterminer les formulations qui définissent rigoureusement les deux extrémités de l'échelle de telle manière que les termes soient sémantiquement bien opposés du point de vue du répondant.

Ces échelles ont de multiples usages : estimer une quantité utilisée, mesurer la fréquence d'un comportement (exemple 5 a) ou l'intensité d'une opinion (exemples 6 a et c), évaluer un produit ou une marque de manière absolue (exemple 5 c : « cotation ») ou relative (exemple 5 d : « somme constante »), définir un niveau de préférence à partir d'un classement direct ou par comparaisons relatives (exemples 6 d et e), ou mesurer un niveau d'intention (exemples 5 b et 6 b).

3. La mesure des attitudes

Parce qu'elles peuvent aussi servir à mesurer les attitudes des répondants à travers l'étude de leurs opinions, ces échelles de réponse sont abusivement appelées « échelles d'attitudes ».

DÉFINITION

L'attitude est un concept opératoire qui définit une prédisposition à agir. Selon Allport, « c'est un état mental de préparation à l'action, organisé à travers l'expérience, exerçant une influence directive et dynamique sur le comportement » (cité par Ghiglione et Richard, 1999, tome 1, p. 230).

On comprend aisément l'intérêt de ce concept en marketing pour identifier des cibles et prévoir leurs comportements. Diverses procédures existent pour mesurer l'attitude d'un individu envers un produit ou une marque. Mises au point et testées à l'origine par des psychosociologues (pour un usage autre que commercial), elles utilisent des échelles du type de celles décrites ci-dessus. Leur exposé technique dépasse le format de cet ouvrage, mais il faut savoir qu'elles reposent sur l'utilisation d'un ensemble de questions dont l'objectif est de mesurer *simultanément* l'existence, la direction et l'intensité de l'attitude chez l'individu étudié, dans une perspective uni- ou multidimensionnelle.

– *Les échelles unidimensionnelles.* L'échelle ordinale de « distance sociale » de Bogardus (exemple 5 *b*) et l'échelle d'intervalle de « l'estimation subjective » de Thurstone consistent à construire un ensemble de propositions validées pour l'attitude étudiée, parmi lesquelles le répondant en choisira une seule. La proposition choisie fournit une mesure directe de son attitude.

– *Les échelles multidimensionnelles.* Likert postule que l'attitude ne peut être mesurée que par une approche pluridimensionnelle. Il développe la technique des « classements additifs » qui consiste à mesurer le degré d'accord du répondant avec chacune des propositions qui composent l'ensemble d'items utilisés (exemple 6 *c*). La somme des réponses sur tous les items définit un score qui est la mesure directe de l'attitude du répondant. Le développement des méthodes d'analyse statistique permet de construire, selon le modèle de Likert, des échelles d'attitudes à multiples facettes en utilisant ou non leur propriété additive (à l'exemple des échelles de mesure de l'implication).

4. Les conditions de la qualité de l'information recueillie

Plusieurs facteurs influencent la qualité de l'information obtenue avec un questionnaire.

■ La couverture des objectifs de l'étude par le questionnaire

La construction d'une matrice croisant les objectifs d'information (en ligne) et les questions formulées (en colonne) permet de vérifier leur adéquation en générant deux niveaux d'analyse critique.

– L'analyse *en ligne* permet d'étudier la répartition des questions entre les différents objectifs en se demandant si elle est justifiée, s'il y a trop ou pas assez de questions, selon l'importance de l'objectif ou la difficulté à le couvrir. Elle permet aussi de vérifier qu'il n'y a pas d'objectif sans question.

– L'analyse *par colonne* permet de contrôler l'affectation des questions, selon le principe qu'une question ne répond qu'à un seul objectif. Si ce principe n'est pas respecté, il faut s'interroger sur la qualité de la formulation des questions concernées, ou réfléchir sur la possible ambiguïté de l'objectif lui-même.

Il se peut, lors de cette analyse, qu'une question ne soit affectée à aucun objectif. Est-ce parce qu'elle est mal rédigée ; voire inutile ? Ou réfère-t-elle à un objectif non explicité mais qui aurait dû l'être compte tenu de la thématique étudiée ? À moins que ce ne soit une *question-outil.*

Les techniques d'enquête 93

DÉFINITION

Une question-outil a pour fonction de faciliter le bon déroulement du questionnement. On distingue :

– les *questions d'orientation* (question filtre), pour sélectionner les personnes à interroger ou les guider vers une partie du questionnaire qui leur est spécifique ;
– les *questions de contrôle*, afin d'améliorer la qualité du recueil en limitant les comportements de fuite dans des non-réponses ou des réponses stéréotypées (fonction d'ancrage), ou pour vérifier la sincérité des réponses fournies (question-piège) ;
– les *questions de transition*, pour préparer l'enquêté à un changement de thématique sans qu'il soit trop dérouté et qu'il continue de répondre. Sans réel objectif informatif, la réponse à ce type de question peut ne pas être exploitée.

■ La structuration et la rédaction du questionnaire

La construction d'un questionnaire, qu'il soit administré en face à face ou par Internet, respecte quelques règles qui relèvent autant du bon sens que de l'expérience.

1. La ***rédaction***. Chaque question doit être comprise par l'enquêté exactement dans le sens souhaité par l'analyste ; et l'enquêté doit pouvoir y répondre sincèrement et sans problème.

– Principes à respecter pour maîtriser la *compréhension de la question* :

a) utiliser une seule et unique idée par question ;

b) utiliser des termes précis pour éviter toute ambiguïté dans la compréhension de la question ou des réponses ;

c) utiliser un vocabulaire adapté et accessible au public visé, en utilisant ses expressions habituelles ;

d) utiliser une formulation brève, grammaticalement simple, en évitant les subjonctifs, les doubles négations, etc. ;

e) utiliser une formulation aussi neutre que possible, n'incitant pas à l'acquiescement.

EXEMPLES

« Êtes-vous pour ou contre la réduction du temps de travail et la réduction du salaire ? » contient deux idées : on peut être « pour » la réduction du temps de travail sans être « pour » la réduction du salaire (a) ; les termes «pour» et «contre» ne sont pas neutres : la formulation «plutôt favorable ou plutôt défavorable» est préférable (e).

«Quand vous étiez jeune, alliez-vous souvent et régulièrement au cinéma? Oui/Non» cumule les difficultés a) et b) : «jeune» réfère à une époque définie différemment selon l'âge du répondant; «régulièrement» est imprécis, exprime une cadence, et «souvent» une fréquence. La formulation doit être précise : «Quand vous étiez étudiant, alliez-vous au cinéma : – pratiquement toutes les semaines; – de 1 à 2 fois par mois; – 1 à 2 fois par trimestre; – moins souvent?»

«N'est-il pas vrai qu'il n'y a pas meilleure façon pour se cultiver que la lecture?» cumule toutes les difficultés. Elle est difficile à comprendre en raison de la double négation (d), informe sur la réponse attendue par l'analyste (e), contient le mot «culture» qui peut être mal compris ou refusé (c), et le mot «lecture» est ambigu (b) : s'agit-il de journaux, de magazines, de revues, de livres, et s'agit-il de lire réellement, de parcourir, ou de feuilleter? Enfin, la question est double (a) : elle concerne l'accord sur «la lecture» et l'accord sur la «meilleure façon» liée à la culture.

– Principes à respecter pour maîtriser la *qualité et la sincérité de la réponse* :

a) utiliser des aides visuelles (listes, photos, etc.) pour favoriser la mémoire ou l'identification de ce dont on parle;

b) chercher à être exhaustif dans l'énumération des modalités de réponse; prévoir une modalité «autres : .... »;

c) proposer des modalités de réponses socialement recevables et publiquement acceptables pour le répondant, en sachant que certaines réponses sont plus valorisantes que d'autres (*risque de désirabilité sociale*);

d) savoir que la formulation de la question peut influencer la réponse donnée (*risque d'induction*), en renseignant sur les orientations de l'enquête ou l'information recherchée, en suggérant des réponses ignorées, en incitant à répondre positivement (*attractivité du oui et tendance à l'acquiescement*).

2. La ***structuration***. Le questionnaire doit être structuré selon la logique intellectuelle du répondant et non celle du concepteur. Les thèmes abordés sont ordonnés en allant du plus général, avec des questions auxquelles il est facile de répondre (faits,

comportements usuels…), au plus spécifique en passant progressivement vers un questionnement pouvant exiger un effort de réflexion ou des réponses plus engageantes, tout en évitant les *phénomènes de halo* correspondant à des risques de contamination entre les questions.

EXEMPLE

En raison de leur proximité, certaines questions peuvent ne pas être comprises dans le sens prévu par le rédacteur et être interprétées dans une logique éloignée des objectifs de l'étude («*effet de contexte*»). L'enquêté souhaitant paraître cohérent dans ses propos évitera les réponses exprimant des contradictions trop évidentes («*effet de façade*»); ce risque est patent dans certains questionnaires auto-administrés.

Il faut aussi considérer la longueur du questionnaire qui a un effet sur son coût et sur sa validité : trop long, il peut lasser l'enquêté, entraînant son abandon ou diminuant la fiabilité de ses réponses. Il faut donc *s'interroger sur la réelle utilité* de chaque question.

En raison de tous ces risques, un questionnaire doit *toujours* être testé sur la cible (10 à 20 personnes), à la fois pour vérifier la qualité de sa structuration, sa durée, la compréhension de toutes les questions dans leur exact sens (rédaction des questions), et la facilité d'utilisation des modalités de réponses proposées (formulation des réponses).

■ **Le mode d'administration du questionnaire et le contrôle de la qualité des réponses**

Le choix du mode d'administration, par enquêteur ou autoadministré (voie postale ou télématique), dépend des objectifs de l'étude et de la qualité d'information recherchée ; il influence aussi la conception du questionnaire.

1. *L'administration par enquêteur.* Sa présence permet d'aider et de motiver le répondant, d'élucider les réponses confuses, de limiter les erreurs de réponses et les non-réponses, de contrôler en temps réel la constitution de l'échantillon ; mais il peut influencer l'enquêté : la compétence et la formation nécessaires, puis le contrôle des enquêteurs permettent de réduire ce risque. Tout cela justifie un coût élevé.

L'enquêteur doit être rôdé à la prise de contact et à l'administration de tous types de questions. En début d'étude, lors des instructions (*briefing*), on l'informe sur les objectifs du questionnaire et il reçoit une formation spécifique (*training*). En cours et en fin d'étude, la vérification de quelques questionnaires réalisés en face à face et des contre-visites (par téléphone) permettent de contrôler la qualité et de dépister d'éventuelles tricheries.

– L'administration *en face à face* s'impose pour des thèmes plutôt complexes, exigeant réflexion et disponibilité chez le répondant ; ou quand il faut déposer le produit pour un essai. Bien qu'il soit long et onéreux, c'est le mode de recueil qui assure une haute qualité d'information.

– L'administration *par téléphone* offre souplesse et rapidité d'application à moindre coût. À la différence du face à face direct, il permet de joindre une population dispersée ou à faible disponibilité. Cependant, le caractère intrusif de l'appel, l'absence physique de l'enquêteur (empêchant de motiver le répondant et de vérifier son identité) et la brièveté du contact (autour de 15 minutes) réservent son usage à l'étude de thèmes assez simples, avec des questions concrètes, faciles à comprendre et portant sur des données factuelles. Il est bien adapté à un objectif de contrôle : utilisation d'un produit, audience des médias, de la publicité, etc. L'enquête téléphonique est aussi adaptée au milieu industriel, après avoir sollicité un rendez-vous auprès de l'interviewé pour s'assurer de sa disponibilité au moment de l'appel.

L'utilisation d'un système d'aide par ordinateur (CAPI ou CATI : *Computer Assisted Personal/Telephone Interview*) permet de saisir les réponses, de constituer le fichier de données en temps réel et de raccourcir ainsi le délai d'analyse, de gérer automatiquement les filtres et les réponses autorisées, de contrôler le travail des enquêteurs, et de constituer des échantillons probabilistes par génération automatique des appels.

2. ***L'auto-administration*** procède sans enquêteur. Les questionnaires auto-administrés partagent de nombreuses caractéristiques quel que soit leur format : papier (par voie postale et de presse, accès direct à un guichet) ou électronique (bornes télématiques, fax, messagerie Internet, Web).

– le répondant remplit lui-même le questionnaire sans l'aide d'un enquêteur pour le guider. Certes, cette absence limite les réponses de convenance, mais renforce le risque d'abandon. Par ailleurs, sans contrôle, les consignes ne sont pas toujours respectées, ce qui entraine un nombre de réponses non conformes ou de questions non traitées assez élevé. Pour éviter un taux de rebut trop important, il faut utiliser des questions impliquant des réponses simples et limiter les filtres ou autres renvois.

– ce mode permet une large couverture géographique à faible coût et aussi d'atteindre des publics très dispersés ou peu disponibles, mais sans être assuré que le répondant est bien la personne ciblée, ni qu'elle répond seule.

– tous les thèmes d'étude peuvent être abordés, des plus classiques jusqu'aux études de satisfaction *in situ* (hôtellerie, services, etc.) et les sujets sensibles ou tabou (argent, mœurs, etc.) grâce à l'anonymat qui réduit l'autocensure et facilite une expression plus spontanée et sincère.

– malgré les techniques de relances utilisées (courrier postal et courriel), les diverses incitations à répondre (cadeaux, argent, etc.) et la qualité graphique, voire ludique du questionnaire, le taux de retour reste faible (de 5 à 10 %).

– la participation à l'enquête relevant du volontariat, il est difficile de constituer des échantillons représentatifs, même en utilisant un fichier d'adresses pertinent, d'autant plus que certains profils sont plus prompts à répondre que d'autres, ce qui crée un biais de structure et de réponse.

Sans résoudre toutes les limites évoquées, *les questionnaires en ligne* présentent un certain nombre de facilités expliquant leur développement rapide :

– le ciblage devient plus facile et permet de garantir la représentativité des échantillons pour un coût réduit en utilisant des fichiers renseignés, comme les *access panels* (voir p. 54) proposés par certains instituts. Cependant, il est difficile de couvrir les personnes peu familières avec le web, a fortiori celles qui ne sont pas, ou mal, équipées… ;

– l'enquête est gérée dans son intégralité, de la conception du questionnaire et de son envoi, jusqu'à la gestion des retours (dont les relances) et la saisie des réponses, avec des logiciels d'aide à l'enquête par Internet (CAWI : *Computer Assisted Web Interviewing*). Ces outils intègrent l'hétérogénéité des équipements informatiques et des terminaux (ordinateurs ou smartphones) pour que le questionnaire soit toujours accessible. Enumérons quelques atouts majeurs :

• des aides guident le répondant pour expliquer comment répondre ou préciser le sens d'une question, grâce à des liens hypertextes ; cela permet d'utiliser des questions plus complexes, de gérer les choix multiples et d'utiliser les filtres ;

• la présentation du questionnaire (adaptable à la nature de l'étude, aux habitudes de lecture ou au type de terminal) se fait soit page par page (*paging*) obligeant à répondre avant d'atteindre la page suivante (contrainte semblable au face à face), soit par déroulement du questionnaire sur l'écran (*scrolling*), permettant, comme dans l'enquête postale, d'accéder à l'intégralité du questionnaire avant de répondre ; le *paging* est source d'abandon en cours d'enquête quand le *scrolling* peut entrainer d'emblée son refus, d'où l'importance de motiver l'enquêté avant d'accéder au questionnaire ;

• il est possible de présenter des supports visuels, des objets en trois dimensions pour en permettre la manipulation virtuelle, de faire écouter des documents sonores, etc., ce qui élargit grandement la panoplie des études possibles ;

• le nombre de rebut est réduit car les réponses sont contrôlées en direct et, si nécessaire, le répondant est incité à respecter les consignes et à répondre à toutes les questions ; mais il risque d'abandonner l'enquête… ;

• la collecte est rapide et le fichier, constitué de données contrôlées, est bâti en temps réel, ce qui limite les erreurs et raccourcit les délais de remise des résultats.

Reste que toute situation d'enquête est une contrainte pour l'internaute et qu'on ne peut abuser, ni de son temps (favoriser des questionnaires courts), ni de sa disponibilité (éviter de le sur-solliciter). Il ne faudrait pas qu'un usage immodéré, voire abusif et non justifié, de l'enquête par Internet conduise à une saturation provoquant à terme le même rejet que celui subi par les enquêtes téléphoniques.

Chapitre 5

Le traitement des données

DÉFINITION

Le traitement des données correspond à l'ensemble des opérations techniques qui permettent d'analyser les informations recueillies pour répondre aux objectifs de l'étude.

Les données *textuelles* – textes ou discours issus d'analyses documentaires, d'entretiens ou de questions ouvertes – sont exploitées avec les méthodes d'analyse de contenu (section I). Les données *numériques* – nombres représentant les modalités de réponse dans les questions – sont exploitées avec les méthodes d'analyse statistique (section II).

I Les méthodes d'analyse de contenu

DÉFINITION

L'expression «*analyse de contenu*» recouvre un ensemble de techniques qui permettent d'étudier avec rigueur le contenu manifeste ou latent d'un document pour en déterminer objectivement les éléments significatifs.

Selon la finalité de l'étude et le matériau à exploiter – des documents filmés (publicités, reportages), le contenu d'entretiens ou de questions ouvertes, d'écrits issus de groupes de réunion par Internet, de courriers, de la presse, etc. – l'analyse de contenu sera réalisée avec des techniques et des objectifs différents.

1. Les objectifs de l'analyse de contenu

On peut distinguer quatre objectifs principaux.

– *Identifier le lexique utilisé.* Il s'agit d'étudier l'occurrence de certains termes (expressions, mots, qualificatifs, etc.) dont on souhaite vérifier la présence et la fréquence d'utilisation, voire la répartition et la localisation dans un document. C'est l'objet de l'analyse lexicale.

EXEMPLE

Au terme d'une campagne publicitaire, on vérifie que les prospects parlent de la marque en utilisant certains qualificatifs car ils correspondent aux axes développés dans la communication.

– *Identifier une thématique.* Il s'agit de dégager et d'identifier les principaux thèmes utilisés par un public donné pour parler d'un produit ou d'une marque, puis d'analyser leur fréquence et leur répartition. L'analyse thématique répond bien à cet objectif qui concerne la plupart des études qualitatives réalisées.

EXEMPLE

Une enseigne de prêt-à-porter propose des collections originales et peu onéreuses, créées par des couturiers designers. Elle fait réaliser une série d'entretiens pour savoir comment la clientèle perçoit cette offre et manifeste son intérêt pour le concept de « luxe accessible ». Les résultats infléchiront son positionnement et les axes de communication porteurs.

– *Dégager un référentiel.* Partant de l'hypothèse que tout discours reflète le système de pensée de l'individu, on cherche à identifier l'« idéologie » qui le sous-tend et à comprendre sa logique. Cet objectif implique souvent de combiner différents types d'analyse.

EXEMPLE

On veut savoir si le discours d'apparence spontanée tenu sur une publicité reflète ou non une expression très personnelle. Le cumul d'analyses individuelles doit permettre d'identifier s'il existe un schéma de pensée stéréotypé.

– *Dégager la structure ou l'organisation d'un discours.* On souhaite comprendre la manière dont se construit le sens. On y parvient avec des méthodes d'analyse structurale comme l'analyse sémiotique.

EXEMPLE

À partir d'un échantillon d'annonces médicales, on cherche à savoir si, derrière la diversité des créations, « se cachent » des structures de communication qui correspondraient à des types de représentation de la pratique médicale, et auxquels les médecins seraient plus ou moins sensibles.

Dans la pratique des études de marché, on utilise principalement trois techniques d'analyse de contenu :

– l'*analyse lexicale*, surtout utilisée dans le traitement des questions ouvertes, étudie de manière statistique le vocabulaire présent dans un discours, en considérant les mots de façon isolée ;

– l'*analyse thématique*, utilisée dans le traitement des entretiens, vise à réorganiser au sein de *catégories*, les données recueillies pour fournir un condensé exact de l'information initiale (dimension énonciative) et en trouver la signification (dimension compréhensive et interprétative) ;

– l'*analyse sémiotique*, de nature structurale, étudie comment la manière d'organiser les signes dans un document engendre une signification déterminée. L'usage de modèles d'analyse portant sur les structures élémentaires de la signification, comme le « carré sémiotique » ou le « schéma narratif », exige une compétence spécifique dont l'exposé dépasse le cadre de cet ouvrage.

2. Les étapes d'une analyse de contenu catégorielle

Le chargé d'étude, à la fois codeur et analyste, dispose aujourd'hui de logiciels puissants pour conduire une analyse de contenu. Néanmoins, ces outils exigent des choix dont va dépendre la qualité de l'analyse et sa pertinence interprétative. C'est pourquoi il est nécessaire de rappeler les fondements de la démarche (utilisable « manuellement » pour qui ne disposerait pas de ces moyens informatiques).

Une analyse de contenu, lexicale ou thématique, se déroule en trois phases – préparation, codification, exploitation – comprenant chacune plusieurs étapes.

■ Phase de préparation

1. *Constituer le corpus* et transcrire intégralement les contenus recueillis dans un fichier de données (intégrant silences et hésitations). Une lecture « flottante » de l'ensemble permet de repérer les principales idées et d'envisager certaines hypothèses concernant la construction du discours.

EXEMPLE

On réalise une étude pour identifier et analyser les représentations et les attitudes envers le café. Le corpus est constitué du contenu intégral des trente entretiens centrés qui ont été réalisés.

2. *Définir les unités d'analyse* à la base du découpage et du codage du matériau exploité. Le codage consiste à transformer les données brutes en unités qui résument les éléments pertinents du contenu analysé.

Ce découpage repose sur le mot, la phrase ou le thème, à partir desquels on peut définir :

– des unités syntaxiques centrées sur les caractéristiques grammaticales ; par exemple, différencier le verbe du substantif ;

– des unités lexicales centrées sur le vocabulaire ; par exemple, regrouper les synonymes ;

– des unités thématiques centrées sur le sens ; par exemple, distinguer « travail » et « loisirs », « douceur » et « amertume », etc.

L'étude d'un même *corpus* peut être effectuée en s'appuyant sur des unités d'analyse de type différent selon l'objet de l'étude ou les hypothèses formulées.

■ **Phase de codification**

3. *Élaborer la grille d'analyse (catégorisation).* Sur la base des règles précédentes, il s'agit de définir l'ensemble des catégories et sous-catégories, permettant de rendre compte de toute la richesse des contenus analysés et d'en constituer le « dictionnaire » : le mot clé dans une analyse lexicale, l'idée ou le thème dans une analyse thématique (tableau 5.1).

Dans une étude exploratoire, ces catégories sont généralement définies *a posteriori* sur quelques entretiens choisis aléatoirement ; les catégories sont déterminées, puis dénommées (par un mot ou une périphrase) et leur contenu défini avec précision. Mais si l'objectif est de vérifier des hypothèses, les catégories sont définies *a priori* en fonction du cadre théorique les ayant générées.

Tableau 5.1 – **Exemple de catégorisation**

Thème principal	Thèmes secondaires	*Verbatim* issus du corpus
Préparation du café	1. Ustensiles utilisés 2. Écrasement du grain 3. Filtrage du café 4. Soin apporté à la préparation	Tous les jours, on en faisait plusieurs fois… Le premier geste, c'était de mettre la… la casserole sur le feu pour faire du café (silence). Euh… voir mes parents boire le café avec euh… un certain cérémonial… D'ailleurs parce que le café demandait à l'époque beaucoup plus de… de préparation que maintenant. Y avait d'abord le café… c'est le moulin à café à tourner (silence). Le café à passer… alors on prenait beaucoup de précaution, il fallait le passer doucement, un peu à la fois, ne pas taper pour le faire passer plus vite. J'ai ma tasse spéciale, j'ai ma marque, enfin pour moi c'est essentiel. J'ai plusieurs cafetières, plusieurs façons de le faire…

La validité de la codification dépend de la qualité des catégories retenues qui, selon Berelson, doivent être :

– *exhaustives* : toutes les unités d'analyse sont classées ;

– *homogènes* et *exclusives* : les unités d'analyse sont définies sur les mêmes critères de constitution, et chacune doit pouvoir être classée sans ambiguïté dans une seule catégorie ;

– *pertinentes* et *objectives* : leur création doit être liée au problème à étudier, et leur définition suffisamment précise pour qu'un même contenu soit classé de manière identique quel que soit le codeur.

4. *Dépouillement systématique.* Plusieurs codeurs se partagent les documents à exploiter et procèdent à la répartition des contenus entre les catégories. L'apparition de tout nouveau thème n'appartenant pas au dictionnaire constitué fait l'objet d'une concertation pour décider de sa création.

Dans une analyse thématique, le dépouillement repose sur le postulat que le codeur peut accéder au sens manifeste du contenu pour effectuer sa répartition entre les catégories. La validité de l'analyse dépend donc du travail des codeurs, à la fois de la constance de leurs affectations (fidélité intracodeur) et de la convergence de leurs points de vue dans leurs attributions (fidélité intercodeurs).

L'étude des questions ouvertes s'arrête généralement à cette phase de codage : l'analyse de leur contenu n'est qu'une phase intermédiaire dans le traitement de l'enquête pour transformer le matériel verbal en variables numériques traitées ensuite avec les mêmes outils statistiques que les questions fermées.

■ Phase d'exploitation

Elle consiste à traiter statistiquement l'ensemble des informations codées.

5. *Analyser les tableaux de codage.* Cette analyse est réalisée :
   - pour chaque entretien (*analyse verticale*) afin d'identifier les catégories utilisées (contrôle de l'énonciation) ;
   - pour chaque catégorie sur l'ensemble des entretiens (*analyse horizontale*) pour étudier la fréquence de citation.

De manière habituelle, on mesure la fréquence d'apparition d'un thème (occurrence) et la fréquence d'association entre différents thèmes (co-occurrence), et parfois un indice de localisation des thèmes dans le discours si le dépouillement effectué tient compte de leur ordre d'apparition.

6. *Interpréter les résultats et en faire la synthèse.* Au-delà des résultats statistiques obtenus, l'analyste peut tenter de dégager le contenu latent («la dimension cachée») de la communication, susceptible d'expliquer globalement l'intégralité du discours recueilli, en s'appuyant sur des théories préexistantes (psychologiques, psychanalytiques, sociologiques…) ou en construisant son propre modèle interprétatif.

EXEMPLES

Le concept psychanalytique d'*épargne psychique* (toute économie d'effort intellectuel ou psychique engendre du plaisir) a été utilisé comme facteur explicatif des réactions positives et négatives émises envers un corpus d'annonces publicitaires.

Dans l'étude sur le café, l'analyste a tenté une analogie interprétative avec le rituel religieux pour expliquer les comportements.

Le rapport d'analyse ne peut se limiter aux seules conclusions interprétatives : à partir de l'exploitation systématique des tableaux de codage, l'analyste doit pouvoir les justifier. Ces conclusions seront d'autant plus recevables qu'elles reposent sur une démarche analytique, reproductible par le lecteur.

II Les méthodes d'analyse statistique

Les méthodes d'analyse statistique s'appliquent sur des données numériques : les informations recueillies sont traduites en des suites de nombres (les *variables*) correspondant aux modalités de réponse fixées.

Selon la signification donnée à ces nombres, les variables sont de nature qualitative ou quantitative. La distinction est importante pour interpréter le résultat, pour choisir les indices statistiques pertinents et utiliser les outils statistiques adaptés.

Dans une *variable qualitative* ou *non métrique*, les nombres ne correspondent pas à une vraie mesure mais symbolisent un état ou une situation ; ils se prêtent plus à des opérations logiques que mathématiques (il n'est pas possible de calculer une moyenne). Il en existe deux types :

– la variable *nominale* : les nombres désignent des observations qui ont des caractéristiques différentes, à l'exemple d'un matricule ou d'un numéro de téléphone qui identifient un individu ou une adresse spécifique ;

– la variable *ordinale* : les nombres décrivent une relation d'ordre ou de grandeur entre les modalités de réponse sans préciser la distance qui les sépare, à l'exemple de cette échelle qui qualifie un individu selon son âge, mais les échelons sont inégaux et n'expriment que la progression d'un état : « bébé/enfant/adolescent/adulte/senior ».

Dans une *variable quantitative* ou *métrique*, les nombres correspondent à une mesure vraie, définissant une grandeur ; ils se prêtent à toutes les opérations mathématiques. Il en existe deux types :

– la variable d'*intervalles* : les nombres désignent des échelons entre lesquels les distances sont rigoureusement égales, mais dont la valeur zéro, conventionnelle, ne constitue qu'un point de repère et non l'absence du phénomène étudié. Les questions utilisées pour mesurer les attitudes correspondent souvent à ce type de variable.

> **EXEMPLE**
>
> Dans l'échelle de température de Celsius, le zéro marque une origine fondée sur un critère physique, mais non l'absence de chaleur (on ne peut donc affirmer que 20 °C est deux fois plus chaud que 10 °C).

– la variable de *proportion* qui complète la précédente : le zéro est un zéro absolu correspondant à l'absence du phénomène étudié (comme l'échelle de température de Kelvin : son zéro signifie l'absence de chaleur, physiquement définissable par l'absence de mouvement moléculaire). La question : « Combien de fois avez-vous pris l'avion au cours des trois derniers mois ? », où la réponse est numérique, est de ce type.

Une variable métrique peut être continue ou discrète. *Continue*, elle peut prendre toutes les valeurs possibles comprises dans son intervalle de variation (la distance kilométrique parcourue annuellement par un véhicule). *Discrète* (ou *discontinue*), elle ne peut prendre que quelques valeurs spécifiques dans ce même intervalle (par exemple, le nombre de personnes composant un foyer ne peut être qu'un nombre entier).

Tout caractère étudié peut être analysé indépendamment des autres (*analyse univariée*), associé à un autre (*analyse bivariée*) ou associé simultanément à plusieurs autres (*analyse multivariée*). Chaque mode d'analyse vise des objectifs spécifiques : dans une perspective *descriptive*, fournir une information synthétique sur l'ensemble des caractères étudiés pour en tirer des conclusions généralisables ; dans une perspective *explicative*, trouver les raisons rendant compte de la dispersion des résultats obtenus.

1. L'analyse univariée

> **DÉFINITION**
>
> Base du *tri à plat*, c'est l'étude systématique de chaque variable à l'aide d'indices statistiques.

L'analyse univariée remplit plusieurs fonctions complémentaires :

1. Contrôler la qualité des données recueillies qui doivent être exemptes de toute anomalie (réponses manquantes, des réponses multiples à la place d'une réponse unique, etc.) ; et supprimer les données aberrantes.

2. Décrire les variables avec des indices statistiques résumant toute l'information recueillie qui peuvent être présentés de manière graphique (des diagrammes) ou numérique (des chiffres). On distingue (tableau 5.2) :

– les *indices de tendance centrale* (médiane, mode, moyenne) qui fournissent un résumé de l'ensemble des mesures effectuées ;

– les *indices de dispersion* (étendue, fractiles, variance, écart type) qui renseignent sur la manière dont les informations se répartissent (se « distribuent ») entre les valeurs de la variable analysée. La plupart de ces indices ne concernent que les variables métriques ou ordinales, et permettent de savoir comment les informations sont regroupées autour de la valeur centrale : une dispersion faible traduit une homogénéité des observations, et forte, une hétérogénéité qui peut justifier une segmentation. La *fréquence* renseigne sur la dispersion des observations entre les modalités d'une variable non métrique ; la dispersion est maximale quand toutes les modalités ont la même fréquence.

3. Vérifier la structure d'un échantillon en comparant la distribution des valeurs observées à une distribution théorique attendue (*test d'ajustement*) ; c'est le cas dans un sondage, pour vérifier si la structure de l'échantillon obtenu est conforme à la distribution des quotas fixés.

4. Généraliser les résultats obtenus sur un échantillon à ceux de la population (*extrapolation par estimation*). On peut estimer dans quelle mesure les valeurs observées (fréquence, moyenne…) sur l'échantillon correspondent à ce qu'on obtiendrait en interrogeant toute la population. Le calcul d'un *intervalle de confiance* sur la valeur obtenue dans l'échantillon donne une idée de la fourchette au sein de laquelle la valeur de la population peut varier.

Tableau 5.2 – Les différents types de variables et leurs statistiques descriptives

Variables			Indices statistiques			
Nature	Échelle	Forme	Valeur centrale	Dispersion	Liaison	
Non métrique	nominale	Catégorie ex. : *masculin/féminin*	mode	fréquence	coefficient de contingence	
	ordinale	Rang/ordre ex. : *classement ou préférence*	mode médiane	étendue fréquence fractile	coefficients de corrélation – de Spearman (ρ) – de Kendall (τ)	
Métrique	intervalle et rapport	ex. : *échelle de Likert* ex. : *âge*	mode médiane moyenne	étendue/fractile variance écart type	coefficient de corrélation de Pearson	

Définition des indices statistiques

Mode : valeur de la variable recueillant le plus d'observations.

Médiane : valeur de la variable divisant l'ensemble des observations en deux groupes égaux.

Moyenne : valeur résumant l'ensemble des mesures d'une variable métrique : $\bar{x} = \frac{1}{n}\sum_{i=1}^{n} x_i$

Fréquence : proportion des observations présentant une modalité de la variable ($f = n/N$), avec n = effectif de l'échantillon et N = effectif de la population.

Étendue : écart entre les valeurs extrêmes observées sur la variable.

Fractile : valeurs partageant la distribution des observations en un certain nombre d'intervalles égaux ; les *quartiles* la divisent en 4 parties égales contenant 25 % des observations, les *déciles* la divisent en 10 parties et les *centiles* en 100 parties d'effectif égal.

Variance : $[\sigma^2]$: $\sigma_x^2 = \frac{1}{n}\sum_{i=1}^{k} n_i(x_i - \bar{x})^2$: moyenne des carrés des écarts de chaque observation à la moyenne des observations ; elle informe sur l'étendue de la variation des observations autour de la moyenne.

Écart type : $\sigma_x = \sqrt{\frac{1}{n}\sum_{i=1}^{k} n_i(x_i - \bar{x})^2}$: même information que la variance mais exprimée dans la métrique de la variable.

Corrélation : valeur [comprise entre + 1 et – 1] mesurant le degré de liaison existant entre deux variables ; zéro indiquant l'absence de lien ;

coefficient de corrélation $r = \sum_{i=1}^{k}(x_i - \bar{x})(y_i - \bar{y})/(\sigma_x \sigma_y)$; ou coefficients de rang : tau de Kendall (τ), rhô de Spearman (ρ).

Tableau 5.3 – **Classification des méthodes pour l'analyse univariée**

Échantillons d'observation		Nature des variables			Types de problématique statistique
Nombre	Type	Non métrique		Métrique : intervalle et rapport	
		nominale	ordinale		
un seul		Chi – deux [χ^2] test binomial test du signe	Chi – deux [χ^2] test de Kolmogorov-Smirnov	Intervalle de confiance test de la loi normale test de Student	AJUSTEMENT : comparaison à une distribution théorique ESTIMATION de la valeur d'un indice ($f, \bar{x}$) sur la population
deux	indépendants	Chi – deux [χ^2] test de Kolmogorov test de Fisher	Chi – deux [χ^2] test de la médiane test U de Mann-Whitney	test de la loi normale test de student	COMPARAISON des indices (fréquence, moyenne, variance) entre deux échantillons
	appariés	test de Mc Nemar	test du signe test de Wilcoxon	test t sur la moyenne des différences	
trois et plus	indépendants	Chi – deux généralisé [χ^2] test de Kolmogorov	test de la médiane test H de Kruskal-Wallis	analyse de la variance	COMPARAISON des indices entre plusieurs échantillons
	appariés	test Q de Cochran	test de Friedman	analyse de la variance	

5. Comparer les résultats obtenus entre des échantillons avec un *test de comparaison* pour décider si l'écart constaté sur la variable étudiée est bien significatif d'une réelle différence.

EXEMPLE

Apprécie-t-on de la même manière une nouvelle recette selon que l'on est ou non consommateur régulier du produit ? On compare deux échantillons de mesure exclusifs, dits *indépendants*, car la mesure est effectuée sur des groupes définis par une caractéristique qui les différencie (consommateur régulier ou non).

L'application d'une crème amincissante produit-elle les effets positifs escomptés ? On compare les mensurations prises avant et après essai sur les mêmes personnes ; l'effet réel dépend de l'écart entre les mesures effectuées avant et après essai ; cette situation génère deux échantillons dont les mesures sont liées (*avant* et *après*), appelés échantillons *appariés*.

Le tableau 5.3 présente les principaux tests statistiques utilisables pour l'analyse univariée. On trouvera une présentation accessible de ces outils dans Caumont [2007], Jolibert et Jourdan [2011] ou Evrard et *al.* [2009].

2. L'analyse bivariée

DÉFINITION

Étude des relations entre deux variables. Le *tri croisé* correspond au croisement de leurs modalités et génère un tableau croisé appelé *tableau de contingence*.

Le choix des croisements ou des tris à effectuer entre paires de variables dépend des questions d'étude à traiter ou des hypothèses préalablement formulées.

– Analyser le degré d'association entre deux variables à partir d'*indices de liaison* qui permettent de mesurer et de tester statistiquement l'intensité et le sens de la relation. Les indices sont différents selon la nature métrique ou non des variables (voir tableau 5.2), mais sont tous calibrés pour varier dans l'intervalle {– 1, 0, +1}, 0 indiquant une absence de liaison (indépendance entre les deux variables), et 1 une liaison maximale, le signe informant sur le sens de la variation (+ : même sens, – : sens inverse).

– Tester l'indépendance entre deux variables. L'application d'un *test d'indépendance* (χ^2 = Chi deux) sur un tableau croisé permet de savoir si les distributions respectives des deux variables étudiées sont liées sans préjuger de l'éventuelle influence de l'une sur l'autre.

EXEMPLE

Il existe un lien significatif entre la lecture d'un journal quotidien et la profession de son lecteur si la valeur de l'indice calculé (χ^2) est supérieure à une valeur seuil définie dans la table de distribution du χ^2 ; alors les deux variables liées sont dites « dépendantes ».

– Élaborer un modèle formalisant les relations entre les deux variables étudiées, principalement dans une perspective prévisionnelle ; c'est le cas de la régression linéaire ($Y = aX + b$) pour des variables métriques.

EXEMPLE

Connaissant la surface d'un appartement (X), on va essayer de prévoir son prix (Y), sachant qu'il y a un prix minimal fixe à payer lié aux frais d'acquisition (« b », appelé constante) ; « a » est le coefficient de régression permettant d'ajuster le modèle prévisionnel pour les données étudiées.

L'analyse bivariée permet d'analyser les relations de concomitance qui existent entre deux variables. Néanmoins, l'analyste procède souvent à une hiérarchisation des variables en distinguant une *variable « explicative »* qui est définie comme étant la source (la « cause ») des variations d'une *variable « expliquée »*. En toute logique, c'est bien la surface de l'appartement qui influence son prix, la profession qui détermine la lecture d'un quotidien, et non l'inverse. Mais l'analyse bivariée ne permet pas de faire l'imputation causale : c'est l'analyste qui prend la liberté d'interpréter les résultats dans une perspective causale.

3. L'analyse multivariée

DÉFINITION

Étude systématique des relations entre plusieurs variables ou groupes de variables considérées simultanément, effectuée dans une perspective soit descriptive, soit explicative.

Le lecteur désireux d'approfondir la technicité des méthodes d'analyse multivariée trouvera un complément technique accessible dans

Jolibert et Jourdan [2011], Évrard et *al.* [2009] ou Giannelloni et Vernette [2015].

■ **La perspective descriptive**

Son objectif est d'examiner l'ensemble des interrelations entre toutes les variables étudiées pour dégager, si elle existe, une «structure organisatrice» sous-jacente permettant de rendre compte et de comprendre la logique des liens constatés. On peut distinguer trois applications principales :

– structurer les variables en des sous-ensembles homogènes identifiables, et fournir une information condensée résumant objectivement l'information initiale pouvant aller jusqu'à créer, pour chaque sous-ensemble, une variable composite qui synthétise son contenu.

> **EXEMPLE**
>
> Dans un test d'accueil, on mesure l'appréciation de plusieurs formules d'un café soluble avec une grille de 20 items. Une analyse factorielle regroupe ces items autour de quatre axes au contenu homogène : le goût, la couleur, l'arôme, la consistance ; ces axes remplacent alors les 20 les items initiaux pour comparer le profil des cafés testés.

– extraire et sélectionner les variables les plus représentatives du contenu étudié. C'est souvent la procédure suivie au terme d'une pré-étude pour élaborer un questionnaire limité à quelques items significatifs ;

> **EXEMPLE**
>
> Dans la perspective d'élaborer un outil pour classer les voyageurs en fonction de leurs attitudes à l'égard du voyage en train, une pré-étude a permis d'identifier près de 150 items liés à ce thème. Une double analyse, factorielle et typologique, a permis de sélectionner 28 items pour bâtir un questionnaire opérationnel.

– vérifier ou tester des hypothèses : on suppose que certaines variables doivent se trouver associées dans certaines structures préétablies ; l'application de la méthode permet de confirmer ou non l'hypothèse (on parle d'*analyse confirmatoire*). Cette procédure est le plus souvent utilisée pour construire les échelles de mesure multidimensionnelles.

Tableau 3.4 – Classification des méthodes pour l'analyse multivariée

Nombre et nature des variables		Types de méthodes
Les méthodes descriptives		
qualitatives nominales / quantitatives discrètes		deux variables : analyse factorielle des correspondances (AFC) / plusieurs variables : analyse des correspondances multiples (ACM)
qualitatives ordinales		analyse des similarités et des préférences (MDS pour *Multi Dimensional Scaling*)
quantitatives continues		analyse factorielle en composantes principales (ACP) / analyse factorielle en facteurs communs et spécifiques (AFCS)
qualitatives et quantitative		typologie (classification hiérarchique, nuées dynamiques, etc.)

Les méthodes explicatives				
variable dépendante ou expliquée		variable indépendante ou explicative		
nombre	nature	nombre	nature	
une	métrique	une/plusieurs	métriques	régression simple/régression multiple/régression généralisée
plusieurs	métriques	plusieurs	métriques	analyse canonique
une	nominale	plusieurs	métriques	analyse discriminante/arbres de décision
une	binaire	plusieurs	métriques ou non	modèle Probit/modèle Logit/régression logistique
une	ordinal	plusieurs	métriques	analyse monotone de la variance (MONANOVA)
une/plusieurs	métriques	une/plusieurs	non métriques	analyse de variance univariée (ANOVA)/multivariée (MANOVA)
une/plusieurs	métriques	plusieurs	métriques et non	analyse de la covariance univariée (ANCOVA)/multivariée (MANCOVA)
une	ordinale	plusieurs	non métriques	analyse des mesures conjointes (« Trade-off »)
plusieurs	tous types	plusieurs	tous types	équations structurelles (LISREL, PLS, AMOS) et réseaux neuronaux (RNA)
plusieurs	non métriques	plusieurs	non métriques	modèles Log-linéaires
une	métrique ou non	plusieurs	non métriques	modèles de segmentation (Belson, AID, CHAID, CART, théorie de l'information)

EXEMPLE

On crée une échelle pour mesurer l'attitude à l'égard de la publicité fondée sur deux pôles : un pôle cognitif et un pôle affectif. On contrôle que tous les items utilisés n'appartiennent bien qu'à un seul de ces deux pôles.

Les méthodes factorielles et les techniques de classification répondent à cette double logique structurante et réductrice. Ces deux classes de méthodes sont fréquemment associées dans un protocole d'étude, les premières permettant de construire les profils de similarité nécessaires pour classer ensuite de manière homogène les observations effectuées. La diversité des algorithmes (voir tableau 5.4) est liée à la nature des variables sur lesquelles les appliquer.

1. Les *méthodes factorielles*. Elles exploitent des matrices dont les valeurs expriment l'existence, la force et la direction des relations entre toutes les variables prises deux à deux, soit : des matrices de corrélation, des tableaux de contingence, des tableaux de distances.

Elles fournissent des *systèmes d'axes* (encore appelés facteurs, dimensions ou composantes) qui structurent les informations initiales, et permettent de construire des *cartes perceptuelles* (ou *mapping*) représentant simultanément les variables et les observations dans un même système d'axes. Ces méthodes sont utilisées en marketing pour l'étude des images de marque et du positionnement.

– L'*analyse factorielle des correspondances simple* (AFC) traite des tableaux de contingence composés de deux variables non métriques ou discrètes dont les modalités sont nombreuses. L'*analyse des correspondances multiple* (ACM) traite des tableaux de contingence multiple (ou « tableaux de Burt »), composés de plusieurs variables non métriques ou discrètes.

– L'*analyse des similarités et des préférences* (MDS) traite une matrice de distances objectives ou subjectives entre des objets (produits, marques, voire individus) à partir de leur degré de similarité perçue par les répondants, ou de leur distance à un idéal implicite (analyse des préférences). Les données recueillies sont généralement de nature ordinale, mais elles peuvent être métriques. Il existe de nombreux algorithmes dérivés du modèle de base (Torsca, Mdscal, Indscal, Prefmap, Linmap).

– L'*analyse factorielle exploratoire en composantes principales* (ACP) et *en facteurs communs et spécifiques* (AFCS) permettent d'analyser la matrice des corrélations établies d'un ensemble de variables métriques.

2. *Les méthodes de classification ou de typologie.* Ces méthodes visent à former des groupes d'individus ou d'objets aussi peu nombreux et aussi homogènes que possible en fonction des similarités entre les observations établies sur la base des variables initiales ou de variables construites (comme les facteurs issus d'une analyse factorielle).

Elles doivent satisfaire à une double contrainte de condensation et d'homogénéité, en constituant des groupes de taille variable au sein desquels les éléments constitutifs sont aussi semblables que possible (faible variabilité intragroupe), et entre lesquels ils sont aussi dissemblables que possible (forte variabilité intergroupe). En marketing, ces méthodes sont particulièrement utiles pour étudier la segmentation d'un marché et réfléchir aux stratégies de ciblage.

Il existe une grande variété d'algorithmes applicables à tous types de variables métriques ou non. Les plus usuels peuvent être regroupés en deux classes :

– les *modèles hiérarchiques* construisent une partition de l'ensemble des observations en établissant des liens hiérarchiques entre les groupes, liens visualisés par un arbre de classification (*dendogramme*). Le nombre de classes y est déterminé *a posteriori*, après analyse des résultats. La classification hiérarchique ascendante (CHA) est l'un de ces modèles ;

– les *modèles non hiérarchiques* fournissent des classes indépendantes construites par agrégation directe des observations dont le profil est similaire. Ils permettent de traiter facilement de gros fichiers mais ils nécessitent de fixer *a priori* le nombre de classes voulu. *K-Means* et *Nuées Dynamiques* sont les techniques les plus utilisées.

Méthodes hiérarchiques et non hiérarchiques sont souvent associées dans une même étude, pour définir le nombre de classes avec les premières, puis affiner la typologie avec les secondes.

■ La perspective explicative

Son objectif est de mettre en évidence comment la variation des valeurs d'une variable ou d'un ensemble de variables détermine ou « explique » la variation des valeurs d'autres variables. Cette logique

« explicative » consiste donc à étudier des relations statistiques de dépendance entre des groupes de variables structurés *a priori* en deux ensembles hiérarchisés : le groupe des *variables indépendantes* (aussi appelées « variables explicatives » ou « facteurs ») dont les variations rendent compte de celles du groupe des *variables dépendantes* (« variables expliquées », « critères »).

EXEMPLES

La notoriété d'une marque en lancement dépend de la durée de la campagne publicitaire et de la pression médiatique exercée. Le prix d'un appartement est fonction de sa surface, de l'étage, du quartier. La « notoriété » et le « prix de l'appartement » sont la variable expliquée dont la variation dépend de celle des autres variables, qui sont explicatives.

La perspective « explicative » recouvre en fait trois types d'objectifs que les termes « relation », « prédiction » et « explication » peuvent résumer. Mais les deux premiers sont très étroitement liés.

1. *L'analyse des relations entre groupes de variables et modèles prédictifs.* L'étude de la nature des relations entre variables est une étape nécessaire pour préparer l'élaboration d'un modèle prédictif. Plusieurs objectifs lui sont assignés :

– vérifier comment les variables « explicatives » peuvent rendre efficacement compte de la variation des variables « expliquées ». Le *test de Fisher-Snédécor* (F) permet de contrôler la significativité de la relation linéaire établie entre les deux groupes de variables analysées ;

– vérifier et tester l'intensité de cette relation en utilisant des indices, tels que le *coefficient de détermination* (R^2) qui permet de mesurer le pourcentage de la variation initiale dont rend compte le modèle établi ;

– mesurer l'importance de la *contribution* de chaque variable explicative dans la variation des valeurs des variables expliquées (comme le *coefficient de détermination partielle* en régression) ;

– construire un modèle mathématique qui combine les variables explicatives rendant le mieux compte de la variation des variables expliquées, afin de disposer d'un modèle prédictif.

La systématisation de cette approche conduit à combiner l'usage des outils statistiques afin de construire des modèles :

– pour prévoir l'activité future à partir de l'activité passée (analyse des séries chronologiques), ou estimer un potentiel ;

– pour anticiper l'effet de certaines décisions commerciales sur les résultats commerciaux (nombre de modèles de marché-tests simulés reposent sur cette logique) ;

– pour prédire le comportement d'un individu à partir de son appartenance connue à un groupe caractérisé ;

– pour déterminer la future position concurrentielle d'une marque ou d'un produit sur un marché donné à partir de la connaissance de ses caractéristiques. Etc.

Nombre d'outils d'analyse statistique répondent à ces objectifs (voir tableau 5.4, page 113).

– *Les modèles régressifs*, linéaires ou non, permettent d'analyser l'influence d'un groupe de variables sur une variable unique (*régression multiple*) ou sur plusieurs variables simultanément (*analyse canonique*), si elles sont toutes métriques ; sinon, on choisit parmi les modèles de *régression monotone* ou *logistique*.

EXEMPLE

(Adapté de Moscarola, p. 291) : on cherche à expliquer le montant de la dépense mensuelle en déplacement avec quatre variables : la distance parcourue (km), le revenu du ménage (euros), l'ancienneté de résidence (mois), le goût pour les déplacements (note). Le modèle final retenu est celui dont la combinaison des variables rend le mieux compte de la dispersion des dépenses ; il est exprimé sous la forme d'une équation, avec dans cet exemple, deux variables :

Dépense = + 52,66 – 0,02 Revenu + 14,66 Distance avec R^2 = + 0,98 et F = 206,78 ; l'équation reproduit 98 % de la variation des dépenses, et la valeur élevée du F (significative à un seuil de confiance supérieur à 95 %) rend compte de la qualité linéaire de l'estimation avec les coefficients de régression retenus.

– *La segmentation* permet d'expliquer une variable qualitative (ou quantitative) à partir d'un ensemble de variables qualitatives. Connaissant les modalités caractérisant une observation quelconque, on peut prédire, grâce à cette procédure, sa position sur la variable expliquée. Il existe une grande diversité de méthodes de segmentation entre lesquelles l'analyste peut choisir.

EXEMPLE

La fréquence de lecture d'un titre de presse peut s'expliquer par des regroupements – des *segments* – de caractères descriptifs du lectorat : classe d'âge, sexe, niveau de revenu, profession exercée, etc. Un individu partageant les caractéristiques d'un segment défini a une certaine probabilité de lire le titre étudié.

– L'*analyse discriminante* permet d'identifier les variables quantitatives différenciant significativement des groupes constitués (variable qualitative), afin d'utiliser ensuite le modèle régressif (*«fonctions discriminantes»*) qui en découle pour prévoir l'appartenance d'une observation quelconque (individu ou objet) à l'un des groupes constitués sur la base de ses seules caractéristiques.

EXEMPLE

À partir d'un questionnaire sur les attitudes à l'égard de la publicité, il est possible, à partir des fonctions discriminantes calculées sur un échantillon test, de déterminer si un nouvel enquêté appartient plutôt au groupe des «indifférents», des «publiphiles», ou des «publiphobes».

– Les *modèles Logit* et *Probit* permettent de déterminer la probabilité conditionnelle pour qu'un événement survienne ou non, étant donné la nature de la relation qui peut exister entre une ou plusieurs variables indépendantes, et une variable dépendante binaire.

EXEMPLE

On cherche à déterminer la probabilité pour qu'un automobiliste change ou non de marque de véhicule (variable binaire), lors de son prochain achat, en fonction du nombre d'achats antérieurs de la marque, de sa satisfaction actuelle, du nombre et de la nature des pannes subies, etc.

2. *L'identification et l'analyse de relations de causalité.* Au-delà des relations de concomitance propres aux objectifs précédents, on peut souhaiter démontrer la nature causale des relations constatées et affirmer que les variables indépendantes influencent réellement les variables dépendantes.

Cet objectif se décompose en deux branches ayant chacune leurs propres outils d'analyse.

La première branche, la plus commune, consiste à vérifier comment les variables dépendantes peuvent varier sous l'influence des variables indépendantes, nommées ici « facteurs », pour mettre en évidence des relations causales. Mais cela implique souvent de construire un plan d'expérience (voir chapitre 3) qui organise spécifiquement le plan d'observation pour apporter la preuve du lien causal.

EXEMPLE

Dans un contrôle publicitaire, on souhaite déterminer si le degré de pression publicitaire subi par les prospects a une influence significative sur la qualité de l'image de marque.

– L'*analyse de la variance* et l'*analyse de la covariance* permettent, sous certaines conditions, de vérifier l'influence réelle d'un ou de plusieurs facteurs non métriques sur *une seule* variable quantitative (analyse univariée), sur *plusieurs* variables quantitatives simultanément (analyse multivariée), ou à la fois sur des variables métriques et non métriques (analyse de la covariance). Des conditions d'ordre méthodologique permettent de démontrer la causalité : chaque modalité du facteur correspond à un « traitement » (défini et contrôlé par l'analyste au sein d'un plan d'observation) que la variable dépendante subit.

EXEMPLE CI-DESSUS

Le « degré de pression publicitaire » est le facteur : il est composé de quatre modalités correspondant à différents niveaux de pression, de la plus faible à la plus forte, établis à partir de la distribution des contacts. Les points d'image (mesurés sur une échelle de Likert) sont les variables expliquées (encore appelées « critères »).

– L'*analyse des mesures conjointes* permet d'expliquer la structure d'une préférence ou d'un classement à partir de la combinaison des modalités d'un ensemble de variables indépendantes dont on considère les effets conjointement ; elle permet aussi de déterminer la contribution – *l'utilité* – de chacune des modalités de ces facteurs dans la construction de cette préférence. Ce type d'analyse implique l'usage des plans d'expérience ; la méthode du *Trade-off* est un plan incomplet présentant les modalités des variables par paires, afin de déterminer les modalités d'une offre qui soient un compromis acceptable par le consommateur.

EXEMPLE

On a fait classer par ordre de préférence 12 modèles automobiles caractérisés par 5 facteurs qualitatifs : le carrossage (3/5 portes), la propulsion (avant/arrière), la carburation (essence/diesel/gpl/hybride), la cylindrée (petite/moyenne/grosse), et l'accès aux équipements de sécurité (en option/en série). L'analyse du classement des modèles a permis d'identifier la hiérarchie des critères et d'identifier les compromis acceptables selon différents groupes de conducteurs.

– Les *modèles Log-linéaires* permettent d'analyser des tableaux de contingence multidimensionnels composés de variables qualitatives ayant plusieurs modalités.

La seconde branche de l'objectif causal consiste à tester l'hypothèse selon laquelle il existerait un système de relations causales entre des groupes de variables plus ou moins imbriqués, dont certaines peuvent être latentes, et pour lesquelles on a supposé la nature des relations. Par exemple, on souhaite vérifier que le système de valeurs du prospect influence ses décisions et oriente son comportement. La procédure consiste à vérifier ou à confirmer la pertinence d'une structure causale théorique en la confrontant à la réalité des données observées ; d'où son appellation d'*analyse confirmatoire*.

Un certain nombre de méthodes statistiques correspondent au traitement de cet objectif et permettent de concilier, dans une même analyse, approche empirique et approche théorique. Il existe deux groupes d'algorithmes :

– les *modèles d'analyse des structures* fondés sur la résolution d'équations structurelles simultanées, dont LISREL (LInear Structural RELashionship) et PLS (Partial Least Squares), avec Amos, sont les modèles les plus connus ;

– les *modèles d'analyse factorielle confirmatoire*, fondés sur l'analyse des structures de covariances.

Aujourd'hui, des masses de données sont stockées dans le système d'information marketing (SIM) dont dispose certaines entreprises. Mais en raison de leur volume, leur accès n'est pas des plus aisés. D'où le développement des techniques de *data mining* (divers algorithmes d'aide à la « fouille des données ») pour extraire, lors de l'étude d'une problématique marketing, les informations pertinentes dissimulées au sein de blocs de données hétéroclites.

De nouvelles approches ont été développées dans cet objectif de récupérer l'information utile. Les *modèles en réseaux de neurones* (RNA) y contribuent en permettant de récupérer l'information et d'effectuer nombre des traitements réalisés par les modèles classiques présentés dans cette partie du chapitre (et toujours d'usage courant), mais en s'affranchissant des contraintes qu'ils imposent liées à la nature des variables (métrique ou non) et de leurs interrelations (linéaires ou non).

Bibliographie

ADETEM, *Guide des sources d'information marketing*, Adetem (actualisation périodique).

BARDIN L., *L'Analyse de contenu*, coll. « Quadrige », PUF, 2013.

BLANCHET A., GOTMAN A., *L'Enquête et ses méthodes : l'entretien*, Armand Colin, 2010.

BOURNOIS F., ROMANI P.-J., *L'intelligence économique et stratégique dans les entreprises françaises*, Economica, 2000.

CAUMONT D., *Les Études de marché. Comment concevoir, réaliser et analyser une étude*, Dunod, 2007.

CHIROUZE Y., *Le Marketing. Études et stratégies*, Ellipses, 2007.

DILLMAN D. A., SMYTH J. D., CHRISTIAN L.M., *Internet, Mail and Mix-Mode Surveys : the Taylored Design Method*, Wiley, 2008.

DUSSAIX A.-M., GROSBRAS J.-M., *Les Sondages : principes et méthodes*, PUF, 1996.

EVRARD Y. et alii, *Market : Fondements et méthodes des recherches en marketing*, 4ᵉ éd., Dunod, 2009.

FENNETEAU H., *Enquête : entretien et questionnaire*, coll. « Les Topos », 3ᵉ éd., Dunod, 2015.

FRISCH F., *Études marketing et opinion : fiabilité des méthodes et bonnes pratiques*, Dunod, 2007.

GAUTHY-SINÉCHAL M., VANDERCAMMEN M., *Études de marché, méthodes et outils*, De Boeck Université, 1998.

GHEWY P., *Guide pratique de l'analyse des données*, De Boeck Université, 2010.

GHIGLIONE R., RICHARD J.-F. (éd.), *Cours de psychologie*, Dunod, 1999.

Ghiglione R. et alii, *Manuel d'analyse de contenu*, A. Colin, 1980.

Giannelloni J.-L., Vernette E., *Études de marché*, 4ᵉ édition, Vuibert, 2015.

Hahn C., Macé S., *Méthodes statistiques appliquées au management*, Pearson, 2012.

Jacobiak F., *L'intelligence économique, techniques et outils*, Eyrolles, 2009.

Jolibert A., Jourdan P., *Marketing Research. Méthodes de recherche et d'études en marketing*, Dunod, 2011.

Léger-Jarniou C., *Étude de marché*, coll. « Entrepreneurs », 4ᵉ éd, Dunod, 2011.

Malhotra N., Décaudin J.-M., Bouguerra A., *Études marketing avec SPSS*, Pearson Education, 2007.

Marcon C., moinet N., *L'intelligence économique*, Dunod, 2011.

Maubuisson L., Abaidi I., « E-terview et interview : étude comparative des méthodes de recueil de données online et offline », *Management et Avenir*, n° 44, 2011, p. 165-186.

Miles M.B., Huberman A.M., *Analyse des données qualitatives*, De Boeck, 2ᵉ éd., 2003.

Millier P., *L'Étude des marchés qui n'existent pas encore...*, Éditions d'Organisation, 2002.

Moscarola J., *Enquêtes et analyse de données*, Vuibert, 1990.

Singly (de) F., *L'Enquête et ses méthodes, le questionnaire*, Armand Colin, 2012.

Syntec, *Guide pratique de la qualité en études de marché*, Syntec, 1996.

Syntec, *Les Études on-line,* (site : Syntec Études Marketing & Opinion).

Tenenhaus M., *Statistiques. Méthodes pour décrire, expliquer et prévoir*, Dunod, 2007.

VANDERCAMMEN M., GAUTHY-SINÉCHAL M., *Recherche marketing. Outil fondamental du marketing*, De Boeck Université, 1999.

VERNETTE E., *Techniques d'études de marché*, Vuibert, 4ᵉ éd., 2014.

VERNETTE E., FILSER M., GIANNELLONI J.-L., *Études marketing appliquées*, Dunod, 2008.

Quelques sites Internet :

Sources documentaires	
bipe.com	ihsglobalinsight.fr (ex-dafsa)
coe-rexecode.fr	insee.fr
coface.fr	kompass.com
credoc.fr	ladocumentationfrancaise.fr
dafsa.fr	lesechos-etudes.fr (ex-eurostaf)
data.oecd.org/fr (OCDE)	svp.com
euromonitor.com	ubifrance.fr (ex-cfce)
ec.europa.eu./eurostat	xerfi.fr (ex-precepta)
Instituts de sondages et d'études	
BVA : bva.fr	harris-interactive.fr
Ipsos France : ipsos.fr	odoxa.fr
Csa : csa.eu	opinion-way.com
IFOP : ifop.com	*TNS Sofrès* : tns-sofres.com
GfK : gfk.com	*Sorgem* : sorgemimr.com
Panels et baromètres	*Organismes professionnels*
Nielsen : nielsen.com/fr/	*AACC* : aacc.fr
Gfk : gfkrt.com	*Adetem* : adetem.org
IMS : imshealth.com	*Afm* : afm-marketing.org
Iri France : iriworldwide.com/fr	*Esomar* : esomar.org
Kantar : kantarworldpanel.com/fr	*Irep* : irep.asso.fr
Médiamétrie : mediametrie.fr	*Syntec* : syntec-etudes.com
NPD : npdgroup.fr	*UDA* : uda.fr

Index

A
access panel, 29, 57, 97
analyse
  confirmatoire, 112, 120
  de contenu, 41, 73, 87, 99, 101
  des correspondances, 114
  des mesures conjointes, 119
  des similarités, 114
  discriminante, 118
  documentaire, 36, 42
  en ligne, 92
  factorielle, 112, 115
  lexicale, 99, 101-102
  multivariée, 106, 111
  sémiotique, 100-101
  thématique, 100-103
  typologique, 112
attitudes, 38, 48, 90-92, 106

B
baromètre, 26, 28
biais, 52, 56, 63, 97
bulletin board, 82

C
CAPI, 96
CATI, 64, 96
CAWI, 98
consigne, 75, 77

D
data mining, 120
desk research, 20, 42
différenciateur sémantique, 90

E
échantillonnage
  à la place, 59
  biais, 52
  distribution, 66
  empirique, 59, 63-64
  fixe, 52-53
  méthodes, 29, 53, 62, 64
  par quotas, 57, 60, 62-63
  plan, 48, 51, 65
  probabiliste, 49, 53, 56
  séquentiel, 52
  stratifié, 58
  techniques, 40, 57, 59
  volontariste, 60
échantillons
  appariés, 26, 109-110
  de convenance, 59
  indépendants, 28-29, 109-110
  permanents, 24, 57
  ponctuels, 28
  probabilistes, 54-57, 66, 96
  représentatifs, 26, 28, 40, 57, 59-60
  taille, 66, 69-71
échelle
  d'attitudes, 91-92
  de mesure, 91
enquête, 42, 46-48, 64, 72, 96-98
entretien, 72-76, 80, 84, 99, 101
ethnographie, 47
étude
  ad hoc, 28-29
  de motivations, 41
  descriptive, 38-39, 43, 71
  documentaire, 20, 22, 42, 84
  explicative, 39-40, 43, 65, 72
  exploratoire, 36-37, 43, 71, 102
  omnibus, 28, 36
  périodique, 28
  protocole, 35-36, 114
  rapport, 50

F
facteur, 116, 119

focus group, 78, 81
forum Internet, 82

G

grille d'analyse, 102
groupe
  de créativité, 78-79
  de discussion, 75
  de réflexion, 78
  Delphi, 80
  nominal, 79-80

I

indépendants, 110
indices statistiques, 105-107
induction, 87, 94
informations documentaires, 21
Internet, 21-23, 29, 47, 98

M

mapping, 114
marché-test, 30, 40

N

netnographie, 47
neurosciences, 46

O

observation, 39-40, 44-47, 119

P

paging, 98
panel, 15, 17-18, 24-28, 64, 125
plan d'expérience, 40, 65, 119

Q

question
  contenu, 84
  fermée, 87, 90
  filtre, 60, 93
  ouverte, 86, 99, 104
questionnaire
  administration, 95-98
  objectifs, 83
  test, 71, 92-94, 112
  types, 38, 40, 78
quota, 60-64, 107

R

récit de vie, 47
redressement, 59
reformulation, 76, 79
relance, 76, 79
réseaux sociaux, 20, 23

S

scrolling, 98
segmentation, 107, 115, 117
single source, 26
sondage, 53-59
store-check, 15

T

tableau
  de codage, 104-105
  de contingence, 110, 114, 120
  Trade-off, 119
tri
  à plat, 106
  croisé, 110
twetnographie, 47
typologie, 41, 115

V

variable, 114
  de proportion, 106
  de stratification, 58
  dépendante, 39, 65, 116, 118-119
  d'intervalles, 106
  explicative, 116
  expliquée, 116-117, 119
  indépendante, 39, 65, 116, 118-119
  métrique, 105-107, 111, 119
  nominale, 105
  ordinale, 105, 107
  qualitative, 105, 117-118

Les

Économie - Gestion

Allard-Poesi F., *Management d'équipe*, 3ᵉ éd., 2012
Almeida (d') N., Libaert T., *La communication interne des entreprises*, 7ᵉ éd., 2014
Bardon P., Libaert T., *Le lobbying*, 2012
Brana S., Cazals M., *La monnaie*, 3ᵉ éd., 2014
Brasseur M., *Le coaching en entreprise*, 2009
Brée J., *Le comportement du consommateur*, 3ᵉ éd., 2012
Bressolles G., *Le marketing digital*, 2ᵉ éd., 2016
Cadin L., Guérin F., *La gestion des ressources humaines*, 4ᵉ éd., 2015
Catellani A., Sauvajol-Rialland C., *Les relations publiques*, 2015
Caumont D., *Les études de marché*, 5ᵉ éd., 2016
Caumont D., *La publicité*, 3ᵉ éd., 2012
Cocula F., *Introduction générale à la gestion*, 5ᵉ éd., 2014
Darpy D., *Le marketing*, 2ᵉ éd., 2015
Dejoux C., *Gestion des compétences et GPEC*, 2ᵉ éd., 2013
Dejoux C., *Management et leadership*, 2014
Delpal F., Jacomet D., *Économie du luxe*, 2015
Eber N., *Théorie des jeux*, 3ᵉ éd., 2013
Fenneteau H., *Enquête : entretien et questionnaire*, 3ᵉ éd., 2015
Fournier C., *Management de la force de vente*, 2016
Gayant J.-P., *Économie du sport*, 2016
Jolivot A.-G., *Marketing international*, 2ᵉ éd., 2013
Lai C., *La marque*, 2ᵉ éd., 2009
Lamarque E., Maymo V., *Économie et gestion de la banque*, 2015
Lapert D., Munos A., *Marketing des services*, 2ᵉ éd, 2009
Lebaron F., *Les indicateurs sociaux au XXIᵉ siècle*, 2011
Léger J.-Y., *La communication financière*, 2010
Leroy F., *Les stratégies de l'entreprise*, 4ᵉ éd., 2015
Libaert T., *Introduction à la communication*, 2ᵉ éd., 2014
Libaert T., *La communication de crise*, 4ᵉ éd., 2015
Libaert T., Johannes K., *La communication corporate*, 2ᵉ éd., 2016
Libaert T., Westphalen M.-H., *La communication externe des entreprises*, 4ᵉ éd., 2014
Lyonnet B., Senkel M.-P., *La logistique*, 2015
Marcon C., Moinet N., *L'intelligence économique*, 2ᵉ éd., 2011
Maugeri S., *Théories de la motivation au travail*, 2ᵉ éd., 2013
Maugeri S., *Gouvernances*, 2014
Mégard D., *La communication publique et territoriale*, 2012
Méritet S., Vaujour J.-B., *Économie de l'énergie*, 2015
Nizet J., Pichault F., *La coordination du travail dans les organisations*, 2012
Petr C., *Le marketing du tourisme*, 2ᵉ éd., 2015
Peypoch N., Botti L., Solonandrasana B., *Économie du tourisme*, 2013
Plane J.-M., *Théorie des organisations*, 4ᵉ éd., 2013
Poulon F., *La pensée économique de Keynes*, 4ᵉ éd., 2016
Soparnot R., *Organisation et gestion de l'entreprise*, 2ᵉ éd., 2012
Stimec A., *La négociation*, 2ᵉ éd., 2011
Walliser B., *Le parrainage : sponsoring et mécénat*, 2ᵉ éd., 2010